Verbtabellen Plus
ITALIENISCH

Alle Verbformen und wie man sie richtig anwendet

von
Mimma Diaco
Laura Kraf
Giuglio Recchia

Ernst Klett Sprachen GmbH
Barcelona • Belgrad • Budapest • Ljubljana • London • Posen • Prag • Sofia
Stuttgart • Zagreb

PONS
Verbtabellen Plus
ITALIENISCH

Alle Verbformen und wie man sie richtig anwendet

von
Mimma Diaco
Laura Kraft
Giuglio Recchia

Auflage A1 5 4 3 / 2010 2009 2008

© Ernst Klett Sprachen GmbH, Rotebühlstraße 77, 70178 Stuttgart, 2007
Internet: www.pons.de
E-Mail: info@pons.de
Alle Rechte vorbehalten.

Redaktion: Regina Reinboth-Kämpf, Christine Lippet
Logoentwurf: Erwin Poell, Heidelberg
Logoüberarbeitung: Sabine Redlin, Ludwigsburg
Titelfoto: Vlado Golub, Stuttgart
Einbandgestaltung: Schmidt & Dupont, Stuttgart
Layout/Satz: Satzkasten, Stuttgart
Druck: L.E.G.O. S.p.A., Lavis (TN)
Printed in Italy.
ISBN: 978-3-12-561353-9

Inhalt

So benutzen Sie dieses Buch 4
Grammatikbegriffe im Überblick 6

Grammatik 7
  Die Formen der regelmäßigen Verben 7
  Besonderheiten bei den Verben auf -are 7
  Besonderheiten bei den Verben auf -ere 8
  Besonderheiten bei den Verben auf -ire 8
  Orthographische Besonderheiten 9
  Das reflexible Verb 10
  Die Hilfsverben 10
  Der Indikativ 12
  Das Presente 12
  Das Passato prossimo 13
  Das Passato remoto 13
  Das Imperfetto 14
  Gegenüberstellung von Imperfetto und Passato prossimo 15
  Das Futuro und das Futuro anteriore 16
  Der Imperativo – Die Befehlsform 17
  Das Condizionale 17
  Der Congiuntivo 18
  Der Bedingungssatz 19
  Das Gerundium 20
  Der Infinitiv 21

Verbkonjugation und Anwendung 24
  Hilfsverb essere 24
  Hilfsverb avere 26
  Verben der 1. Konjugation 28
    Musterverb auf -are: amare 28
    Sonderfälle und unregelmäßige Verben auf -are 30
  Verben der 2. Konjugation 52
    Musterverb auf -ere: battere 52
    Musterverb auf -ere: credere 54
    Sonderfälle und unregelmäßige Verben auf -ere 56
  Verben der 3. Konjugation 134
    Musterverb auf -ire: sentire 134
    Sonderfälle und unregelmäßige Verben auf -ire 136
  Passiv mit essere 160
  Passiv mit venire 162
  Reflexives Musterverb: lavarsi 164

Präpositionen der häufigsten Verben 166

Verbliste 173

So benutzen Sie dieses Buch

Die PONS Verbtabellen Plus Italienisch bieten Ihnen übersichtliche Konjugationstabellen zu 61 regelmäßigen und unregelmäßigen Musterverben, einem reflexiven Verb und zum Passiv. Diese Konjugationsmuster zeigen Ihnen alle Formen – auch die zusammengesetzten – auf einen Blick; auf Besonderheiten wird durch farbliche Hervorhebung und praktische Faustregeln hingewiesen. Zusätzlich werden in verkürzter Form weitere 52 beispielhafte Verben mit ihren typischen Unregelmäßigkeiten vorgestellt. Passend zur Konjugationstabelle auf der linken Seite erhalten Sie auf der rechten Seite zahlreiche Informationen zur Verwendung der Verben: Beispielsätze, häufige Wendungen, häufige Verben, die ähnlich konjugiert werden, Besonderheiten zur Konjugation und nützliche Tipps, um die Konjugation dieser Verben zu lernen.

Aufbau der Konjugationstabellen

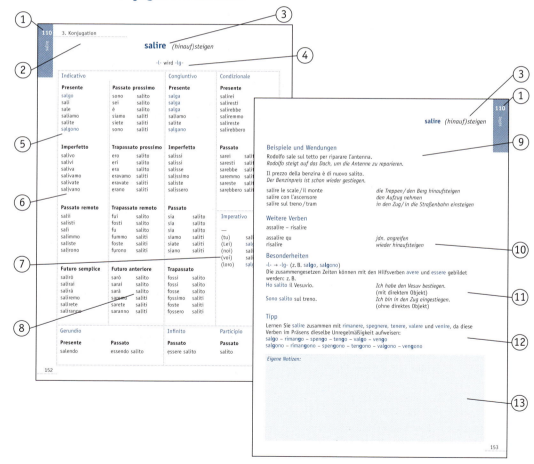

① **Konjugationsnummer**: Mit Hilfe dieser Nummer lassen sich alle in der Verbliste aufgeführten Verben dem jeweils entsprechenden Konjugationsmuster zuordnen.

② **Verbgruppe**: Gibt an, zu welcher der drei italienischen Verbgruppen das Musterverb gehört:
    1. Konjugation: Verben auf -are
    2. Konjugation: Verben auf -ere
    3. Konjugation: Verben auf -ire

③ **Musterverb mit Übersetzung**: Verb, das exemplarisch für alle ähnlichen Verben (mit gleicher Konjugationsnummer) steht.

④ **Kurzcharakteristik**: Merksatz zu den Besonderheiten / Unregelmäßigkeiten des Konjugationsmusters.

⑤ **Farbliche Hervorhebung**: Alle Formen, die vom regelmäßigen Konjugationsschema abweichen, sind blau hervorgehoben.

⑥ **Betonungspunkte**: Die meisten italienischen Wörter werden auf der vorletzten Silbe betont. Weicht eine Verbform von dieser Regel ab, ist die betonte Silbe durch einen Punkt gekennzeichnet.

⑦ **Personalpronomen**: Personalpronomen wurden nicht aufgeführt, da das Italienische sie nur zur Betonung braucht. Lediglich beim Imperativ sind die Personalpronomen zur besseren Orientierung in Klammern angegeben.

⑧ **Verzicht auf feminine Formen**: Aus Gründen der Übersichtlichkeit wurde bei den mit essere konjugierten Verben lediglich die maskuline Form des Partizips angeführt.

⑨ **Beispiele und Wendungen**: Zu jedem konjugierten Verb auf der linken Seite finden Sie hier rechts nützliche Beispiele und Wendungen.

⑩ **Weitere Verben**: Zu jedem konjugierten Verb auf der linken Seite finden Sie hier eine Auswahl der häufigsten Verben, die wie das Musterverb links konjugiert werden.

⑪ **Besonderheiten**: Hier erhalten Sie noch eine Erklärung zu Besonderheiten bei Konjugation oder Gebrauch dieser Verben.

⑫ **Tipp**: Hier finden Sie weiterführende Tipps, die Ihnen das Lernen der Verben erleichtern sollen.

⑬ **Eigene Notizen**: Hier haben Sie Platz für Ihre eigenen Notizen, um z. B. die Tipps gleich umzusetzen, oder um weitere Verben oder nützliche Wendungen zu notieren.

In der alphabetischen Verbliste am Ende der PONS Verbtabellen Plus Italienisch finden Sie weitere regelmäßige und unregelmäßige Verben mit Verweis auf das Konjugationsmuster, nach dessen Vorbild die Formen des gesuchten Verbs gebildet werden. Zusätzlich informiert Sie diese Liste über die Verwendung von **avere** und **essere**.

Übrigens: Die Grammatik bietet Ihnen einen systematischen Überblick über die Zeiten und Modi in Konjugation und Anwendung. Und ab Seite 166 haben Sie nochmals einen Überblick mit Beispielsätzen, der Ihnen bei der Wahl der richtigen Präpositionen für die häufigsten italienischen Verben hilft.

Grammatikbegriffe im Überblick

Italienisch	Latein	Deutsch
accentazione	–	Betonung
condizionale passato	Konditional II	Bedingungsform II
condizionale presente	Konditional I	Bedingungsform I
congiuntivo	Konjunktiv	Möglichkeitsform
coniugazione	Konjugation	Beugung des Zeitworts
desinenza	–	Endung
femminile	feminin	weiblich
futuro anteriore	Futur II	vollendete Zukunft
futuro semplice	Futur I	unvollendete Zukunft
gerundio	Gerundium	Verlaufsform
imperativo	Imperativ	Befehlsform
imperfetto	Imperfekt	unvollendete Vergangenheit
indicativo	Indikativ	Wirklichkeitsform
infinito	Infinitiv	Grundform des Zeitworts
maschile	maskulin	männlich
participio passato	Partizip Perfekt	Mittelwort der Vergangenheit
passato prossimo	Perfekt	vollendete Gegenwart
passato remoto	historisches Perfekt	historische Vergangenheit
passivo	Passiv	Leideform
plurale	Plural	Mehrzahl
preposizione	Präposition	Verhältniswort
presente	Präsens	Gegenwart
pronome personale	Personalpronomen	persönliches Fürwort
sillaba	–	Silbe
singolare	Singular	Einzahl
soggetto	Subjekt	Satzgegenstand
tempo composto	–	zusammengesetzte Zeit
tempo semplice	–	einfache Zeit
trapassato prossimo	Plusquamperfekt	Vorvergangenheit
trapassato remoto	Plusquamperfekt	Vorvergangenheit
verbo	Verb	Zeitwort
verbo ausiliare	Hilfsverb	Hilfszeitwort
verbo irregolare	unregelmäßiges Verb	unregelmäßiges Zeitwort
verbo regolare	regelmäßiges Verb	regelmäßiges Zeitwort
verbo riflessivo	reflexives Verb	rückbezügliches Zeitwort

Die Formen der regelmäßigen Verben

Im Italienischen unterscheidet man drei Konjugationen:
1. Konjugation: die Verben auf -are (am**are**)
2. Konjugation: die Verben auf -ere (vend**ere**)
3. Konjugation: die Verben auf -ire (sent**ire**)

Vergessen Sie bitte nicht: Im Italienischen sind Subjektpronomen nicht obligatorisch, außer wenn sie betont sind! Aus der Endung des Verbs ist die Person ersichtlich. Das bedeutet jedoch, dass Sie die Endungen besonders aufmerksam lernen müssen.

Abito a Roma.	*Ich wohne in Rom.*
Studia greco.	*Er / Sie studiert Griechisch.*

Die Höflichkeitsform ist die 3. Person Singular in der Einzahl (Lei) und meist die 2. Person Plural in der Mehrzahl (voi). Bei formeller Ausdrucksweise wird auch die 3. Person Plural (loro) benutzt.

Besonderheiten bei den Verben auf -are

1. Verben auf -care und -gare		2. Verben auf -iare		3. Verben auf -ciare, -giare	
cercare	pagare	studiare	inviare	cominciare	mangiare
cerco	pago	studio	invio	comincio	mangio
cerchi	paghi	studi	invii	cominci	mangi
cerca	paga	studia	invia	comincia	mangia
cerchiamo	paghiamo	studiamo	inviamo	cominciamo	mangiamo
cercate	pagate	studiate	inviate	cominciate	mangiate
cercano	pagano	studiano	inviano	cominciano	mangiano

Zu 1.
Bei Verben auf -care und -gare wird vor die Endung -e und -i ein -h- geschoben, damit die Aussprache erhalten bleibt.

Zu 2.
Bei Verben auf -iare entfällt das -i- vor einer Endung mit -i. Wenn das -i- des Stammes betont ist (wie bei inviare), bleibt es jedoch erhalten.

Zu 3.
Bei Verben auf -ciare und -giare entfällt das -i- auch vor einer Endung mit -e (also im Futuro semplice!).

Nur vier Verben auf -are sind unregelmäßig: andare, dare, stare, fare.

Besonderheiten bei den Verben auf -ere

vincere	vinco	conoscere	conosco	leggere	leggo
siegen	vinci	kennen	conosci	lesen	leggi
	vince		conosce		legge
	vinciamo		conosciamo		leggiamo
	vincete		conoscete		leggete
	vincono		conoscono		leggono
	vinca		conosca		legga

Bei den Verben auf -cere und -gere hängt die Aussprache von c und g vom nachfolgenden Vokal ab; wenn ein -e oder ein -i folgt, wird es weich ausgesprochen (wie in *Matsch* bzw. *Gin*), ansonsten hart (wie in *Koffer* bzw. *Gast*).

Passato remoto der regelmäßigen Verben auf -ere

vendere	vendei *oder* vendetti
verkaufen	vendesti
	vendé *oder* vendette
	vendemmo
	vendeste
	venderono *oder* vendettero

Das Passato remoto der Verben auf -ere ist meist unregelmäßig. Die wenigen regelmäßigen Verben haben im Passato remoto in der 1. Person Singular und in der 3. Person im Singular und Plural zwei Formen. Die Langformen auf -etti, -ette, -ettero werden häufiger verwendet.

Bei Verben, deren Stamm auf -t endet (wie potere), werden nur die Kurzformen verwendet: potei, poté, poterono.

Besonderheiten bei den Verben auf -ire

Ein Musterverb für die Verben auf -ire ist sentire.

Nicht alle Verben auf -ire werden jedoch wie sentire konjugiert. Sehr viele dieser Verben haben eine Stammerweiterung, und haben in manchen Zeiten und Personen die Buchstaben -isc- vor der Endung. In der folgenden Tabelle finden Sie die davon betroffenen Formen:

	io	tu	lui	noi	voi	loro
Indicativo presente	finisco	finisci	finisce	finiamo	finite	finiscono
Congiuntivo Presente	finisca	finisca	finisca	finiamo	finiate	finiscano
Imperativo		finisci!	finisca!	finiamo!	finite!	

Orthographische Besonderheiten

Zahlreiche italienische Verben weisen regelmäßige orthographische Veränderungen auf, damit die Aussprache der Grundform beibehalten werden kann:

Bei Verben, die auf -care und -gare enden, wird vor den Endungen -e und -i ein -h eingefügt, d.h. also: c wird ch und g wird gh.
cercare   cerco, cerchi, cerca, cerchiamo, ...
pagare   pago, paghi, paga, paghiamo, ...

Verben auf -ciare, -giare und -sciare verlieren das -i- ihres Stamms vor Endungen, die mit -i oder -e anfangen.
baciare   baci, baciamo, ...
mangiare   mangerò, mangerai, ...
lasciare   lasciamo, lascerete, ...

Bei Verben auf -iare entfällt das unbetonte -i- vor dem -i der Endung.
studiare   studio, studi, studia, studiamo, ...

Das betonte -i- bleibt jedoch erhalten.
avviare   avvio, avvii, avvia, avviino, ...

Achtung! Bei Verben auf -cere und -gere variiert die Aussprache von -c- und -g- je nach der Endung, es wird also kein Buchstabe eingefügt oder geändert.
vincere   vinco, vinci, vince, vinciamo, ...
leggere   leggo, leggi, legge, leggiamo, ...

Doch keine Regel ohne Ausnahme: Bei cuocere wird die Aussprache der Grundform beibehalten und daher vor -a und -o ein -i- eingeschoben, d.h. also: c wird ci.
cuocere   cuocio, cuoci, cuoce, cuociamo, ...

Aber: Verben auf -cere, die das Participio passato regelmäßig auf -uto bilden, erhalten vor dieser Endung zusätzlich ein -i-.
piacere   piaciuto
conoscere   conosciuto

Bei Verben, die auf -cire enden, wird vor den Endungen -a und -o ein -i- eingeschoben, d.h. also: c wird ci.
cucire   cucio, cuci, cuciono, ...

Achtung! Bei Verben auf -gire wird die Aussprache von -g- durch die Endung bestimmt, d.h. es erfolgt keine Änderung.
fuggire   fuggo, fuggi, fugge, ...

Das reflexive Verb

Es gibt reflexive Verben auf -are, -ere und -ire; ihre Konjugation richtet sich nach den allgemeinen Regeln, allerdings mit zwei wichtigen Unterschieden:

1. Die Reflexivpronomen mi, ti, si, ci, vi, si stehen immer beim Verb, und zwar in der Regel vor dem Verb.

2. Reflexive Verben werden in den zusammengesetzten Zeiten immer mit essere konjugiert. Das Partizip richtet sich dabei in Geschlecht und Zahl nach dem Subjekt.

Wenn ein reflexives Verb zusammen mit einem Modalverb (volere, potere, dovere) auftritt, steht:

1. als Hilfsverb essere, wenn das Reflexivpronomen vor dem konjugierten Verb steht:
   Mi sono dovuta lavare. *Ich musste mich waschen.*

2. als Hilfsverb avere, wenn das Reflexivpronomen an den Infinitiv angehängt wird:
   Ho dovuto lavarmi. *Ich musste mich waschen.*

Die Hilfsverben

Mit den Hilfsverben essere und avere werden die zusammengesetzten Zeiten gebildet.

Mit avere werden verbunden:

- alle transitiven Verben (Verben mit einem direkten Objekt)
  Ho mangiato una pizza. *Ich habe eine Pizza gegessen.*

- manche intransitive Verben (Verben ohne direktes Objekt)
  Ha riso. *Er hat gelacht.*

- folgende Verben – im Gegensatz zum Deutschen:
camminare	*entlang gehen*
girare	*ziehen* (im Sinne von *wandern*)
nuotare	*schwimmen*
passeggiare	*spazieren gehen*
sciare	*Ski fahren*
viaggiare	*reisen*

  Ein Beispiel:
  Hai viaggiato molto? *Bist du viel gereist?*

Mit essere werden verbunden:

- die meisten Verben, die eine Bewegung, einen Wechsel oder das Beibehalten eines Zustands bezeichnen (wie im Deutschen), wie z. B. andare *(gehen)*, cadere *(fallen)*, diventare *(werden)*, entrare *(betreten)*, morire *(sterben)*, nascere *(geboren werden)*, rimanere *(bleiben)*.

- reflexive (und reflexiv gebrauchte) Verben
Mi sono lavata i capelli.	*Ich habe mir die Haare gewaschen.*
Si è mangiato tutta la torta.	*Er hat den ganzen Kuchen gegessen.*

- unpersönliche und unpersönlich gebrauchte Verben
E' piovuto tutta la notte.	*Es hat die ganze Nacht geregnet.*
E' successo di tutto.	*Es ist alles Mögliche passiert.*
Si è discusso a lungo.	*Man hat lange diskutiert.*

- Die Verben, die die Wetterlage ausdrücken, werden in der Umgangssprache oft mit avere verbunden:
Stanotte è / ha nevicato.	*Heute Nacht hat es geschneit.*

- die Modalverben dovere, potere, volere, wenn auf sie ein Verb folgt, das essere verlangt:
Non sono potuta venire.	*Ich konnte nicht kommen.*

- Mit dovere, potere und volere wird in der Umgangssprache häufig auch avere benutzt:
Non ho potuto venire.	*Ich konnte nicht kommen.*

- im Gegensatz zum Deutschen werden folgende Verben mit essere verbunden:
bastare	*reichen, genügen*
costare	*kosten*
dispiacere	*Leid tun*
durare	*dauern*
esistere	*existieren*
parere	*scheinen*
piacere	*gefallen*
servire	*nützen, dienen*

  Ein Beispiel:
Il film è durato tre ore.	*Der Film hat drei Stunden gedauert.*

Bei der Bildung mit essere richtet sich das Partizip in Geschlecht und Zahl nach dem Subjekt.

Der Indikativ

Der Indikativ wird meist gebraucht, wenn ein Geschehen als wahr dargestellt wird. Im Indikativ können drei Zeitstufen unterschieden werden:

Vorzeitigkeit	Gleichzeitigkeit	Nachzeitigkeit
Passato prossimo Imperfetto Passato remoto Trapassato prossimo Trapassato remoto	Presente	Futuro semplice Futuro anteriore

Das Presente

Das Präsens wird gebildet aus dem Stamm des Verbs + folgenden Endungen:
Verben auf -are: -o, -i, -a, -iamo, -ate, -ano
Verben auf -ere: -o, -i, -e, -iamo, -ete, -ono
Verben auf -ire: -o, -i, -e, -iamo, -ite, -ono

Das Presente (Präsens) wird benutzt für:

1. Zustände oder Handlungen,
- die sich in der Gegenwart abspielen:
  Oggi piove.   *Heute regnet es.*

- die bis in die Gegenwart dauern:
  Abito a Pisa da cinque anni.   *Ich wohne seit fünf Jahren in Pisa.*

2. Gewohnheiten:
   La sera mi piace leggere un libro.   *Abends lese ich gerne ein Buch.*

3. zeitlos gültige Feststellungen:
   Lavorare stanca.   *Arbeiten ermüdet.*

4. eine zukünftige Handlung, die als sicher angesehen wird:
   Domani parto.   *Morgen fahre ich weg.*

5. historisches Presente, von der Vergangenheit wird berichtet, als ob es Gegenwart wäre; dient dazu dramatisch/lebhaft zu erzählen:
   Nel 1969 Neil Armstrong   *1969 landet Neil Armstrong auf dem Mond.*
   sbarca sulla luna.

Das Passato prossimo

Das Passato prossimo (Perfekt) wird gebildet aus einer Präsensform des Hilfsverbs (essere oder avere) und dem Partizip Perfekt.

Das Passato prossimo (Perfekt) bezeichnet:

1. vergangene Handlungen, deren Folgen noch in der Gegenwart andauern:
   Gino mi ha scritto una lettera;   *Gino hat mir einen Brief geschrieben;*
   devo rispondergli.   *ich muss ihm darauf antworten.*

2. Handlungen, die gerade eben passiert sind:
   Siamo appena arrivati.   *Wir sind gerade angekommen.*

3. Handlungen, die sich in einem Zeitraum abgespielt haben, der noch andauert:
   Che cosa hai fatto oggi?   *Was hast du heute gemacht?*

4. in manchen Fällen Handlungen, die in der Zukunft abgeschlossen werden (anstelle des Futuro anteriore):
   Alle tre ho finito e passo   *Um drei bin ich fertig,*
   a prenderti.   *ich hole dich dann ab.*

Das Passato remoto

Das Passato remoto (historisches Perfekt) wird gebildet aus dem Stamm des Verbs + folgenden Endungen:
Verben auf -are: -ai, -asti, -ò, -ammo, -aste, -arono
Verben auf -ere: -ei, -esti, -é, -emmo, -este, -erono
Die 1. und 3. Person Singular und die 3. Person Plural der Verben auf -ere haben auch noch eine Langform auf -etti, -ette und -ettero.
Verben auf -ire: -ii, -isti, -ì, -immo, -iste, -irono

Das Passato remoto (historisches Perfekt) bezeichnet einen in der Vergangenheit abgeschlossenen Vorgang, unabhängig von seinen Auswirkungen auf die Gegenwart. Die Dauer oder Häufigkeit des Vorgangs ist dabei nicht von Belang:

Petrarca visse ad Avignone.   *Petrarca lebte in Avignon.*
Manzoni morì nel 1873.   *Manzoni starb 1873.*

Der Unterschied zwischen Passato remoto und Passato prossimo besteht im unterschiedlichen Grad der „Gegenwartsnähe": Während das Passato prossimo die „Aktualität" von Handlungen unterstreicht, rückt sie das Passato remoto in eine entferntere Vergangenheit. Vergleichen Sie die folgenden zwei Beispiele:

| Italo Svevo ha scritto | Italo Svevo hat „La Coscienza |
| "La Coscienza di Zeno". | di Zeno" geschrieben. |

Passato prossimo: Betonung liegt auf Aktualität. Svevo ist der Autor des Buches, das Buch gibt es, wir können es heute lesen.

| Italo Svevo scrisse "La Coscienza | Italo Svevo schrieb „La Coscienza |
| di Zeno" dal 1919 al 1923. | di Zeno" von 1919 bis 1923. |

Passato remoto: Anfang und Ende der Handlung stehen im Vordergrund, die Handlung ist in der Vergangenheit abgeschlossen.

In der gesprochenen Sprache wird in Norditalien das Passato prossimo immer mehr anstelle des Passato remoto verwendet; das Passato remoto wird weiterhin in der Schriftsprache benutzt, insbesondere als Erzählzeit. In Süditalien werden sowohl das Passato prossimo als auch das Passato remoto gebraucht mit der Tendenz, auch ganz nahe Ereignisse im Passato remoto wiederzugeben. Nur in Mittelitalien werden Passato prossimo und Passato remoto streng auseinandergehalten.

Das Imperfetto

Das Imperfetto (Imperfekt) wird gebildet aus dem Stamm des Verbs + folgenden Endungen:
Verben auf -are: -avo, -avi, -ava, -avamo, -avate, -avano
Verben auf -ere: -evo, -evi, -eva, -evamo, -evate, -evano
Verben auf -ire: -ivo, -ivi, -iva, -ivamo, -ivate, -ivano

Das Imperfetto (Imperfekt) bezeichnet:

1. vergangene Handlungen, Vorgänge oder Zustände, die als nicht abgeschlossen angesehen werden (Hintergrundschilderung):
Il cavallo galoppava nella foresta.	Das Pferd lief im Galopp durch den Wald.
Nevicava fitto fitto.	Es schneite heftig.
Mio fratello stava male.	Meinem Bruder ging es schlecht.

2. in der Vergangenheit regelmäßig wiederholte Handlungen:
   | Da piccola giocavo | Als ich klein war, |
   | sempre fuori. | spielte ich immer draußen. |

Weitere Verwendungen des Imperfetto:

3. abgeschwächte, höfliche Darstellung eines Anliegens / eines Einwandes / einer Absage:
   | Buongiorno, volevo parlare | Guten Tag, ich wollte Lucia sprechen. |
   | con Lucia. | |

4. umgangssprachlicher Ersatz für:
- das Condizionale passato
 Potevi dirmelo. Das hättest du mir sagen können.
 statt: Avresti potuto dirmelo.

- das Congiuntivo trapassato
 Se venivi prima, ce la facevamo. Wärst du früher gekommen,
 statt: Se fossi venuto prima, ce hätten wir's geschafft.
 l'avremmo fatta.

Gegenüberstellung von Imperfetto und Passato prossimo

1. Wenn mehrere Vorgänge in der Vergangenheit gleichzeitig nebeneinander verlaufen, ohne zu einem Abschluss zu kommen, so stehen sie alle im Imperfetto:
 Mentre lavoravo, mio marito Während ich arbeitete, sah sich
 guardava la Formula Uno. mein Mann die Formel Eins an.

2. Ist von zwei vergangenen Geschehen das eine noch im Verlauf, während das zweite einsetzt, so steht das erste im Imperfetto, und das zweite im Passato prossimo:
 Mentre lavoravo, è Während ich arbeitete,
 suonato il telefono. hat das Telefon geklingelt.

3. Wenn mehrere in sich abgeschlossene Vorgänge der Vergangenheit aufeinanderfolgen, stehen sie im Passato prossimo:
 E' suonato il telefono, Das Telefon hat geklingelt,
 così mi sono alzata e deshalb bin ich aufgestanden
 ho alzato la cornetta. und habe den Hörer abgenommen.

Hier noch eine kleine Hilfe, welche Zeitform Sie wann benutzen:
Als Begleitumstände zählen Beschreibungen, Kommentare, Erklärungen, Begründungen, Absichten usw. Sie müssen zeitlich ohne Begrenzung dargestellt sein. Dann wird das Imperfetto benutzt.
Die Ereignisse der Handlungskette werden oft durch Signalwörter wie improvvisamente, allora, poi, usw. angezeigt. Zur Darstellung der Handlungskette wird das Passato prossimo verwendet.

Bei einigen Verben ergibt sich ein Bedeutungsunterschied, je nachdem, ob sie im Imperfetto oder im Passato prossimo stehen (im Deutschen wird es durch zwei verschiedene Verben wiedergegeben):

avere	Avevo paura.	Ich hatte Angst.
	Ho avuto paura.	Ich bekam Angst.
conoscere	Lo conoscevo dal 1975.	Ich kannte ihn seit 1975.
	L'ho conosciuto nel 1975.	Ich habe ihn 1975 kennen gelernt.

sapere	Lo sapevi?		Wusstest du das?
	Da chi l'hai saputo?		Von wem hast du das erfahren?
sentirsi	Si sentiva male.		Er fühlte sich schlecht.
	Si è sentito male.		Es wurde ihm schlecht.

Das Futuro und das Futuro anteriore

Das Futuro (Futur I) wird gebildet aus dem Infinitiv des Verbs ohne -e + folgenden Endungen: -ò, -ai, -à, -emo, -ete, -anno.
Dabei wird jedoch bei den Verben auf -are das -a- zu einem -e-, also trovare – troverò.

Das Futuro (Futur I) wird verwendet, um

1. Handlungen oder Zustände auszudrücken, die in der Zukunft liegen:
   Arriverò domani.   Ich werde morgen ankommen.

2. eine Vermutung auszudrücken:
   Il mio dentista avrà quarant'anni.   Mein Zahnarzt dürfte 40 Jahre alt sein.

3. einen Befehl auszudrücken:
   Farai quello che dico io!   Du wirst tun, was ich dir sage!

Das Futuro anteriore (Futur II) wird gebildet aus einer Futurform des Hilfsverbs (essere oder avere) und dem Partizip Perfekt.

Das Futuro anteriore (Futur II) bezeichnet:

1. Handlungen oder Zustände, die vor anderen Handlungen in der Zukunft stattfinden (eine Art „Vergangenheit in der Zukunft"):
   Quando lo avrai visto,   Wenn du ihn gesehen hast,
   capirai perché dico questo.   wirst du verstehen, warum ich das sage.
   Ti telefonerò appena sarò arrivato.   Ich rufe dich an, sobald ich angekommen bin.

In der Umgangssprache wird in diesen Fällen häufig auch das einfache Futuro gebraucht, oder – im Zusammenhang mit dem als Futuro gebrauchten Presente – das Passato prossimo:

Futuro	Ti telefonerò	Ich werde dich anrufen,
Futuro anteriore	appena sarò arrivato.	sobald ich angekommen bin.
Futuro	Ti telefonerò	Ich werde dich anrufen,
Futuro	appena arriverò.	sobald ich ankomme.
Presente	Ti telefono	Ich rufe dich an,
Passato prossimo	appena sono arrivato.	sobald ich angekommen bin.

2. eine Vermutung in der Vergangenheit:
   Saranno state le otto.   *Es wird 8 Uhr gewesen sein.*

Der Imperativo – Die Befehlsform

Zu den Formen des Imperativs:
- Alle Imperativformen stimmen mit den Präsensformen überein, außer den Verben auf -are, die den Imperativ der 2. Person Singular auf -a bilden (z. B. mangia!, studia!).

- Der verneinte Imperativ der 2. Person Singular wird mit non + Infinitiv gebildet, z. B.:
  Non fumare!   *Rauche nicht!*
  Non parlare!   *Sprich nicht!*

- Der Imperativ der Höflichkeitsform stammt aus den Formen des Congiuntivo presente:
  Congiuntivo: Vuole che vada via.   *Er will, dass ich weg gehe.*
  Imperativo: (Lei) vada via!   *Gehen Sie weg!*

Das Condizionale

Das Condizionale (Konditional I) wird gebildet aus dem Infinitiv des Verbs ohne -e + folgenden Endungen: -ei, -esti, -ebbe, -emmo, -este, -ebbero.
Dabei wird jedoch bei den Verben auf -are das -a- zu einem e, also trovare – troverei.

Das Condizionale passato (Konditional II) wird gebildet aus einer Konditionalform des Hilfsverbs (essere oder avere) und dem Partizip Perfekt.

Das Condizionale (Konditional I) wird verwendet:

1. in Bedingungssätzen, um etwas Mögliches oder Irreales auszudrücken:
   Se fossi ricchissima,   *Wenn ich sehr reich wäre,*
   viaggerei molto.   *würde ich viel verreisen.*

2. als Condizionale passato (Konditional II) in der indirekten Rede, um die Nachzeitigkeit zu bezeichnen (Zukunft in der Vergangenheit):
   Disse che l'avrebbe fatto subito.   *Er sagte, er würde es gleich tun.*

3. zum Ausdruck eines Wunsches:
   Vorrei andare in Australia.   *Ich würde gerne nach Australien fliegen.*

4. zum Ausdruck einer höflichen Bitte oder Aufforderung:
   Ti dispiacerebbe aprire   *Würde es dir etwas ausmachen,*
   la porta?   *die Tür zu öffnen?*

5. zur Abschwächung von Aussagen:
Secondo me sarebbe
il caso di scusarsi.

*Meiner Meinung nach wäre es
angebracht, sich zu entschuldigen.*

6. zur vorsichtigen Wiedergabe von Nachrichten:
Secondo alcune indiscrezioni,
il presidente sarebbe stato visto
in un locale del centro.

*Nach Indiskretionen sei der Präsident
in einem Lokal in der Stadtmitte gesehen
worden.*

7. zum Ausdruck einer gewissen Skepsis:
E quanto hai detto che
costerebbe?

*Und was hast du gemeint,
was es kosten soll?*

Der Congiuntivo

Während der Indikativ ein Geschehen als wahr und objektiv darstellt, tritt mit dem Congiuntivo (Konjunktiv) die Subjektivität in den Vordergrund!

Indicativo	
Carlo è malato.	*Carlo ist krank.*
Congiuntivo	
Mi dispiace che Carlo sia malato. Temo che Carlo sia malato.	*Es tut mir Leid, dass Carlo krank ist.* *Ich fürchte, dass Carlo krank ist.*

Der Congiuntivo wird gebildet aus dem Stamm des Verbs + folgenden Endungen:
Verben auf -are: -i, -i, -i, -iamo, -iate, -ino
Verben auf -ere und -ire: -a, -a, -a, -iamo, -iate, -ano

Der Congiuntivo (Konjunktiv) steht in Nebensätzen nach bestimmten Konjunktionen bzw. nach Verben, die einen Nebensatz mit che einleiten. Er wird von den Konjunktionen bzw. Ausdrücken automatisch ausgelöst. Er steht nach:

- Verben/Ausdrücke des Meinens und Glaubens
  Penso che l'Italia debba
  restare unita.

  *Ich denke, dass Italien vereint
  bleiben sollte.*

- Verben/Ausdrücke der Willensäußerung/Hoffnung/Erlaubnis/Verbietens
  Voglio che lui mi dia una
  risposta.

  *Ich möchte, dass er mir eine
  Antwort gibt.*

- Verben/Ausdrücke der Gefühlsäußerung
  Sono contenta che tu mi
  venga a trovare.

  *Ich freue mich, dass du mich
  besuchst.*

- Verben / Ausdrücke des Zweifelns und der Unsicherheit
  Dubito che dica la verità. *Ich bezweifle, dass er die Wahrheit sagt.*

- Unpersönliche Verben / Ausdrücke
  Può darsi che io abbia ragione. *Es kann sein, dass ich Recht habe.*

Der Bedingungssatz

Im Italienischen wird die Konstruktion mit dem Bedingungssatz periodo ipotetico genannt. Die Konstruktion besteht aus dem durch se eingeleiteten Satz, der die Bedingung enthält, und dem Hauptsatz, in dem die Folge dargestellt wird. Im Deutschen entspricht dieser Konstruktion das Prinzip *wenn ..., dann ...* Je nachdem, wie wahrscheinlich die Bedingung und die Folge sind, werden unterschiedliche Zeitformen verwendet.

1. Reale Hypothese = Bedingung und Folge sind sehr wahrscheinlich.

se + Indikativ + Indikativ	
Se esco con questo tempo, mi ammalo / ammalerò.	*Wenn ich bei diesem Wetter ausgehe, werde ich krank (werden).*
se + Indikativ + Condizionale presente	
Se ti impegni di più, potresti -riuscirci.	*Wenn du dir mehr Mühe gibst, könntest du es schaffen.*
se + Indikativ + Imperativo	
Se esci, comprami le sigarette.	*Falls du ausgehst, kauf mir Zigaretten.*

2. Mögliche Hypothese = Bedingung und Folge sind zwar möglich, aber nicht sehr wahrscheinlich.

se + Congiuntivo imperfetto + Condizionale presente	
Se mangiassi regolarmente, non avresti mal di stomaco.	*Wenn du regelmäßig essen würdest, hättest du keine Magenschmerzen.*
se + Congiuntivo imperfetto + Imperativo	
Se ti sentissi male, telefonami.	*Falls es dir schlecht gehen sollte, ruf mich an.*

3. Irreale Hypothese = Bedingung und Folge sind unmöglich.

se + Congiuntivo imperfetto + Condizionale presente	
Se Monna Lisa vivesse nella nostra epoca, farebbe la fotomodella.	Würde Mona Lisa heutzutage leben, wäre sie ein Model.
se + Congiuntivo trapassato + Condizionale passato	
Se fosse stato al posto mio, non l'avrebbe fatto.	Wenn er an meiner Stelle gewesen wäre, hätte er es nicht gemacht.
se + Congiuntivo trapassato + Condizionale presente	
Se fossimo arrivati in tempo, i negozi sarebbero ancora aperti.	Wenn wir rechtzeitig gekommen wären, wären die Läden noch offen.

Das Gerundium

Das Gerundium wird folgendermaßen gebildet:

- bei Verben auf -are: Infinitivstamm + -ando.

  Beispiel: pensare: pens- + -ando = pensando

- bei Verben auf -ere und -ire: Infinitivstamm + -endo.

  Beispiel: vedere: ved- + -endo = vedendo
  sentire: sent- + -endo = sentendo

Das Gerundium wird benutzt, um Nebensätze zu verkürzen. Meist hat das Gerundium das gleiche Subjekt wie der Hauptsatz. Die Übersetzung dieser Konstruktion ins Deutsche hängt von der Funktion ab. Die Funktion des Gerundiums können Sie am besten aus dem Zusammenhang ableiten:

1. Betonung der Gleichzeitigkeit
   Uscendo di casa si è ricordato
   di aver dimenticato la borsa.

   Als er das Haus verließ, erinnerte er sich daran, dass er die Tasche vergessen hatte.

2. Grund
   Essendo stanca, restò a casa.

   Da sie müde war, blieb sie zu Hause.

3. Art und Weise, Mittel
   Sbagliando s'impara.

   Aus Fehlern lernt man.

4. Bedingung, Voraussetzung
   Prendendo un taxi ce la facciamo.

   Wenn wir ein Taxi nehmen, schaffen wir es.

5. Einräumung (mit pur!)
   Pur avendo tempo, non avevo voglia di vederlo.

   Obwohl ich Zeit hatte, hatte ich keine Lust ihn zu sehen.

6. Folge
   La tazza mi è scivolata, rompendosi in mille pezzi.

   Die Tasse ist mir entglitten und in tausend Stücke zersprungen.

Der Infinitiv

Der Infinitiv ohne Präposition

1. nach unpersönlichen Verben und Ausdrücken. Dazu gehören: basta, bisogna, conviene *(es ist besser)*, mi interessa, mi fa piacere, mi piace, è bene / meglio / possibile usw.

   E' interessante visitare chiese romaniche.

   Es ist interessant, romanische Kirchen zu besichtigen

   E' un piacere incontrarti!

   Es ist eine Freude, dich zu treffen

   Bisogna andarci.

   Man muss hingehen.

2. nach che + Substantiv im Ausruf:
   Che bello rivederti!

   Wie schön, dich wieder zu sehen!

3. nach den Verben amare, desiderare, intendere, osare, preferire:
   Amo bere il tè d'inverno. *Ich liebe es, im Winter Tee zu trinken.*

Wie im Deutschen steht der Infinitiv ohne Präposition:

4. nach den Verben dovere, potere, sapere, volere, fare, lasciare:
   Non posso uscire, devo studiare. *Ich kann nicht ausgehen, ich muss lernen.*

5. nach Verben der Wahrnehmung, z. B. vedere, sentire, guardare:
   Guardo mio figlio dormire. *Ich schaue meinem Sohn beim Schlafen zu.*

Der Infinitiv steht darüber hinaus auch in den folgenden Fällen (die im Deutschen keine Entsprechung finden) ohne Präposition:

6. in emphatischen Aussagen und Fragesätzen:
   Io chiedergli scusa?! *Ich soll mich entschuldigen?!*

7. in indirekten Fragesätzen:
   Non so come fare. *Ich weiß nicht, wie ich es tun soll.*

8. in Relativsätzen zum Ausdruck einer Möglichkeit:
   Tutti hanno bisogno di 　　Alle brauchen jemanden, mit dem
   qualcuno con cui parlare. 　*sie reden können.*

9. in Arbeitsanweisungen und Aufforderungen:
   Leggere le avvertenze 　　*Vor der Benutzung die*
   prima dell'uso. 　　*Gebrauchsanweisung lesen.*

10. im verneinten Imperativ der Du-Form:
    Non litigare con tuo fratello! 　*Streite dich nicht mit deinem Bruder!*

Der Infinitiv mit di

Der Infinitiv mit di steht nach den Verben, die sonst ein direktes Objekt haben: Dazu gehören z. B.: ammettere di *(zugeben)*; aspettare di *(warten)*; credere di *(glauben)*; decidere di *(beschließen)*; dichiarare di *(erklären)*; dimenticare di *(vergessen)*; dire di *(sagen)*; evitare di *(vermeiden)*; finire di *(aufhören)*; giurare *(schwören)*; ricordare di *(sich erinnern)*; rifiutare di *(ablehnen)*; smettere di *(aufhören)*; sognare di *(träumen)*

Ho giurato di non venirci più. 　　*Ich habe mir geschworen, nicht mehr*
　　　　　　　　　　　　　　　　herzukommen.
Mi ha detto di aver comprato una casa. *Er hat mir gesagt, dass er ein Haus gekauft hat.*

Außerdem kann der Infinitiv mit di nach folgenden Verben stehen: dubitare di *(Bedenken haben)*; accusare di *(anklagen)*; pregare/chiedere/domandare di *(bitten)*; consigliare di *(raten)*; permettere di *(erlauben)*; proporre di *(vorschlagen)*; pentirsi di *(bereuen)*; vergognarsi di *(sich schämen)*

Der Infinitiv mit di steht auch nach den folgenden Ausdrücken:

- avere bisogno *(brauchen)*; avere tempo *(Zeit haben)*; avere voglia *(Lust haben)*; avere intenzione *(die Absicht haben)*; avere la possibilità *(die Möglichkeit haben)*; avere paura *(Angst haben)*; avere il coraggio *(den Mut haben)*; avere il dovere *(die Pflicht haben)*; avere il diritto *(das Recht haben)*

  Ho voglia di andare a teatro. 　　*Ich habe Lust, ins Theater zu gehen.*

- mit **essere**:
  essere capace *(fähig sein)*; essere certo/sicuro *(sicher sein)*; essere contento/felice *(froh sein)*; essere convinto *(überzeugt sein)*; essere fiero/orgoglioso *(stolz sein)*; essere libero *(frei sein)*; essere stanco *(es satt haben)*

  Sono stanco di sopportare questi rumori. *Ich habe es satt, diese Geräusche zu ertragen.*

Der Infinitiv mit a

Der Infinitiv mit a steht:

1. nach Verben der Bewegung (andare, venire usw.) und des Bleibens (stare, rimanere usw.):
   Andiamo a mangiare. *Gehen wir essen.*
   Rimaniamo a chiacchierare. *Plaudern wir noch eine Weile.*

2. nach folgenden Verben:
   abituarsi *(sich gewöhnen)*; aiutare *(helfen)*; cominciare *(anfangen)*; continuare *(weitermachen)*; convincere *(überzeugen)*; costringere / obbligare *(zwingen)*; divertirsi *(Spaß haben)*; imparare *(lernen)*; invitare *(auffordern)*; prepararsi *(sich vorbereiten)*; provare a *(versuchen)*; rinunciare *(verzichten)*; riuscire *(es fertig bringen)*
   Sei riuscito a vederlo? *Hast du es geschafft, ihn zu treffen?*

3. nach manchen Adjektiven, wie z. B.:
   abituato *(gewohnt)*, adatto *(geeignet)*, deciso *(entschlossen)*, disposto / pronto *(bereit)*:
   Sei pronto ad affrontare *Bist du bereit, alle Schwierigkeiten*
   tutte le difficoltà? *zu meistern?*

4. nach avere difficoltà und fare fatica:
   Ho difficoltà / faccio fatica a capirlo. *Ich habe Mühe, ihn zu verstehen.*

Der Infinitiv mit da

Der Infinitiv mit da steht:

1. zur Angabe der Bestimmung (vor allem nach che cosa, qualcosa, niente, molto, tanto, poco), des Zwecks oder der Notwendigkeit:
   Ho tanto da fare. *Ich habe viel zu tun.*
   Dammi qualcosa da bere. *Gib mir etwas zu trinken*

2. zur Angabe der Folge (così / tanto + Adjektiv / Adverb):
   Chi è così gentile da aiutarmi? *Wer ist so nett und hilft mir?*

3. nach essere mit passivischer Bedeutung:
   Questo progetto è ancora *Dieser Entwurf muss noch*
   da approvare. *genehmigt werden.*

ẹssere *sein*

Unregelmäßiges Hilfsverb

Indicativo

Presente
- sono
- sei
- è
- siamo
- siete
- sono

Passato prossimo
- sono stato
- sei stato
- è stato
- siamo stati
- siete stati
- sono stati

Imperfetto
- ero
- eri
- era
- eravamo
- eravate
- ẹrano

Trapassato prossimo
- ero stato
- eri stato
- era stato
- eravamo stati
- eravate stati
- ẹrano stati

Passato remoto
- fui
- fosti
- fu
- fummo
- foste
- fụrono

Trapassato remoto
- fui stato
- fosti stato
- fu stato
- fummo stati
- foste stati
- fụrono stati

Futuro semplice
- sarò
- sarai
- sarà
- saremo
- sarete
- saranno

Futuro anteriore
- sarò stato
- sarai stato
- sarà stato
- saremo stati
- sarete stati
- saranno stati

Congiuntivo

Presente
- sia
- sia
- sia
- siamo
- siate
- sịano

Imperfetto
- fossi
- fossi
- fosse
- fọssimo
- foste
- fọssero

Passato
- sia stato
- sia stato
- sia stato
- siamo stati
- siate stati
- sịano stati

Trapassato
- fossi stato
- fossi stato
- fosse stato
- fọssimo stati
- foste stati
- fọssero stati

Condizionale

Presente
- sarei
- saresti
- sarebbe
- saremmo
- sareste
- sarẹbbero

Passato
- sarei stato
- saresti stato
- sarebbe stato
- saremmo stati
- sareste stati
- sarẹbbero stati

Imperativo

—
- (tu) sii
- (Lei) sia
- (noi) siamo
- (voi) siate
- (loro) sịano

Gerundio

Presente
essendo

Passato
essendo stato

Infinito

Passato
ẹssere stato

Participio

Passato
stato

ẹssere *sein*

Beispiele und Wendungen

Paolo è un ragazzo molto simpatico.
Paolo ist ein sehr sympathischer Junge.

essere felice	*glücklich sein*
c'è / ci sono	*es gibt, da ist / sind*
essere di Modena	*aus Modena sein*

Besonderheiten

Verben, die kein direktes Objekt haben, bilden die zusammengesetzten Zeiten im Allgemeinen mit dem Hilfsverb essere. Dazu zählen z. B.: andare, venire, entrare, scendere, salire, uscire, diventare, morire, dimagrire. Außerdem auch die Verben: essere, stare, restare.

Aber:
Sono corso a casa.	*Ich bin nach Hause gerannt.* (mit Zielangabe)
Oggi ho corso molto.	*Ich bin heute viel gerannt.* (ohne Zielangabe)

Das Partizip Perfekt muss bei der Bildung mit essere dem Subjekt in Genus und Numerus angeglichen werden:
Luigi è venuto.	*Luigi ist gekommen.*
Anna è uscita.	*Anna ist ausgegangen.*

Alle reflexiven Verben bilden die zusammengesetzten Zeiten mit essere:
Laura si è vestita.	*Laura hat sich angezogen.*

Tipp

Der Gebrauch von essere bei der Bildung des Passato prossimo entspricht weitgehend der Verwendung von *sein* bei der Perfektbildung im Deutschen.

Eigene Notizen:

avere *haben*

Unregelmäßiges Hilfsverb

Indicativo		Congiuntivo	Condizionale
Presente	**Passato prossimo**	**Presente**	**Presente**
ho	ho avuto	abbia	avrei
hai	hai avuto	abbia	avresti
ha	ha avuto	abbia	avrebbe
abbiamo	abbiamo avuto	abbiamo	avremmo
avete	avete avuto	abbiate	avreste
hanno	hanno avuto	abbiano	avrebbero
Imperfetto	**Trapassato prossimo**	**Imperfetto**	**Passato**
avevo	avevo avuto	avessi	avrei avuto
avevi	avevi avuto	avessi	avresti avuto
aveva	aveva avuto	avesse	avrebbe avuto
avevamo	avevamo avuto	avessimo	avremmo avuto
avevate	avevate avuto	aveste	avreste avuto
avevano	avevano avuto	avessero	avrebbero avuto
Passato remoto	**Trapassato remoto**	**Passato**	
ebbi	ebbi avuto	abbia avuto	**Imperativo**
avesti	avesti avuto	abbia avuto	
ebbe	ebbe avuto	abbia avuto	—
avemmo	avemmo avuto	abbiamo avuto	(tu) abbi
aveste	aveste avuto	abbiate avuto	(Lei) abbia
ebbero	ebbero avuto	abbiano avuto	(noi) abbiamo
			(voi) abbiate
Futuro semplice	**Futuro anteriore**	**Trapassato**	(loro) abbiano
avrò	avrò avuto	avessi avuto	
avrai	avrai avuto	avessi avuto	
avrà	avrà avuto	avesse avuto	
avremo	avremo avuto	avessimo avuto	
avrete	avrete avuto	aveste avuto	
avranno	avranno avuto	avessero avuto	

Gerundio		Infinito	Participio
Presente	**Passato**	**Passato**	**Passato**
avendo	avendo avuto	avere avuto	avuto

avere haben

Beispiele und Wendungen

Giovanna ha una sorella e due fratelli.
Giovanna hat eine Schwester und zwei Brüder.

avere … anni	*… Jahre alt sein*
avere fame / sete	*Hunger / Durst haben*
avere mal di testa	*Kopfschmerzen haben*
avere da fare qc	*etw. zu tun haben*
Che cosa hai?	*Was hast du? Was ist los mit dir?*
Quanti ne abbiamo oggi?	*Der Wievielte ist heute?*

Besonderheiten

Alle Verben, die ein direktes Objekt haben, bilden die zusammengesetzten Zeiten mit dem Hilfsverb avere.
Das Partizip Perfekt wird nur bei einem vorangestellten direkten Objekt angeglichen:

Francesco ha comprato la macchina.	*Francesco hat das Auto gekauft.*
Francesco l'ha comprata.	*Francesco hat es gekauft.*

Achtung: Bei den zusammengesetzten Vergangenheitsformen (z. B. Passato prossimo) hat avere die Bedeutung *bekommen*:
Mia sorella ha avuto un bambino.   *Meine Schwester hat ein Kind bekommen.*

Tipp

Der Gebrauch von avere bei der Bildung des Passato prossimo entspricht weitgehend der Verwendung von *haben* bei der Perfektbildung im Deutschen.

Eigene Notizen:

1. Konjugation

amare *lieben*

Regelmäßiges Verb

Indicativo		Congiuntivo	Condizionale
Presente	**Passato prossimo**	**Presente**	**Presente**
amo	ho amato	ami	amerei
ami	hai amato	ami	ameresti
ama	ha amato	ami	amerebbe
amiamo	abbiamo amato	amiamo	ameremmo
amate	avete amato	amiate	amereste
amano	hanno amato	amino	amerebbero
Imperfetto	**Trapassato prossimo**	**Imperfetto**	**Passato**
amavo	avevo amato	amassi	avrei amato
amavi	avevi amato	amassi	avresti amato
amava	aveva amato	amasse	avrebbe amato
amavamo	avevamo amato	amassimo	avremmo amato
amavate	avevate amato	amaste	avreste amato
amavano	avevano amato	amassero	avrebbero amato
Passato remoto	**Trapassato remoto**	**Passato**	**Imperativo**
amai	ebbi amato	abbia amato	
amasti	avesti amato	abbia amato	—
amò	ebbe amato	abbia amato	(tu) ama
amammo	avemmo amato	abbiamo amato	(Lei) ami
amaste	aveste amato	abbiate amato	(noi) amiamo
amarono	ebbero amato	abbiano amato	(voi) amate
			(loro) amino
Futuro semplice	**Futuro anteriore**	**Trapassato**	
amerò	avrò amato	avessi amato	
amerai	avrai amato	avessi amato	
amerà	avrà amato	avesse amato	
ameremo	avremo amato	avessimo amato	
amerete	avrete amato	aveste amato	
ameranno	avranno amato	avessero amato	

Gerundio		Infinito	Participio
Presente	**Passato**	**Passato**	**Passato**
amando	avendo amato	avere amato	amato

amare *lieben*

Beispiele und Wendungen

Anna e Federico amano le lingue antiche.
Anna und Federico lieben alte Sprachen.

amare fare qc	*etw. gerne tun*
amarsi	*sich lieben*

Weitere Verben

abitare – aiutare – arrivare – cantare – chiamare – continuare – fumare – guardare – lavorare – ordinare – parlare – pensare – portare – telefonare

abitare in campagna / città	*auf dem Land / in der Stadt wohnen*
aiutare un amico a fare qc	*einem Freund helfen, etw. zu tun*
chiamare qu	*jdn. (an)rufen*
continuare a fare qc	*fortfahren, etw. zu tun*
Vietato fumare!	*Rauchen verboten!*
guardare la TV	*fernsehen*
ordinare un caffè	*einen Espresso bestellen*
parlare piano / forte	*leise / laut sprechen*
penso di sì	*ich glaube ja*

Tipp

Amare ist ein Musterbeispiel für die Verben auf -are, die sonst keine Besonderheiten aufweisen. Die regelmäßigen Endungen des Verbs sind in der Konjugationstabelle fett hervorgehoben.

Konjugieren Sie doch mal eines der oben aufgeführten Verben durch, z. B. parlare *sprechen*. Markieren Sie dann jeweils die Endungen farbig.

Eigene Notizen:

1. Konjugation

andare *gehen*

Indicativo

Presente
vado
vai
va
andiamo
andate
vanno

Passato prossimo
sono andato
sei andato
è andato
siamo andati
siete andati
sono andati

Imperfetto
andavo
andavi
andava
andavamo
andavate
andavano

Trapassato prossimo
ero andato
eri andato
era andato
eravamo andati
eravate andati
erano andati

Passato remoto
andai
andasti
andò
andammo
andaste
andarono

Trapassato remoto
fui andato
fosti andato
fu andato
fummo andati
foste andati
furono andati

Futuro semplice
andrò
andrai
andrà
andremo
andrete
andranno

Futuro anteriore
sarò andato
sarai andato
sarà andato
saremo andati
sarete andati
saranno andati

Congiuntivo

Presente
vada
vada
vada
andiamo
andiate
vadano

Imperfetto
andassi
andassi
andasse
andassimo
andaste
andassero

Passato
sia andato
sia andato
sia andato
siamo andati
siate andati
siano andati

Trapassato
fossi andato
fossi andato
fosse andato
fossimo andati
foste andati
fossero andati

Condizionale

Presente
andrei
andresti
andrebbe
andremmo
andreste
andrebbero

Passato
sarei andato
saresti andato
sarebbe andato
saremmo andati
sareste andati
sarebbero andati

Imperativo

—
(tu) va'/vai
(Lei) vada
(noi) andiamo
(voi) andate
(loro) vadano

Gerundio

Presente
andando

Passato
essendo andato

Infinito

Passato
essere andato

Participio

Passato
andato

andare gehen

Beispiele und Wendungen

Michele va a scuola sempre a piedi.
Michele geht immer zu Fuß zur Schule.

andare a piedi	*zu Fuß gehen*
andare in treno	*mit dem Zug fahren*
andare in vacanza	*in Urlaub fahren*
andare a trovare qu	*jdn. besuchen*
andare avanti	*weitergehen / -fahren, fortfahren*
Andiamo!	*Gehen wir! Los geht's!*

Besonderheiten

Bei andare handelt es sich um ein unregelmäßiges Verb, das bei der Konjugation zwei verschiedene Stämme aufweist (vgl. vado ↔ andiamo).

Die zusammengesetzten Zeiten von andare werden mit dem Hilfsverb essere gebildet.

Zu beachten ist die Verkürzung des Verbstamms bei der Bildung des Futurs und des Konditional Präsens (vgl. andrò ↔ amerò, andrei ↔ amerei).

Eine Besonderheit ist außerdem der Imperativ mit seinen zwei möglichen Formen va'/vai. Diese Doppelformen finden sich auch bei dare, fare und stare.

Tipp

Prägen Sie sich die Formen gut ein, da andare in der Bedeutung *gehen/fahren* häufig gebraucht wird. Bilden Sie doch beispielsweise mit den oben genannten Wendungen Sätze in jeder Person des Indikativ Präsens und sprechen Sie diese laut nach. Sie werden sehen, dass Sie die Formen dann schnell beherrschen.

Eigene Notizen:

1. Konjugation

avviare *einleiten, starten*

Regelmäßiges Verb, aber: betontes -i- + -i- wird -ii- / unbetontes -i- + -i- wird -i-

Indicativo

Presente
avvio
avvii
avvia
avviamo
avviate
avviano

Passato prossimo
ho avviato
hai avviato
ha avviato
abbiamo avviato
avete avviato
hanno avviato

Imperfetto
avviavo
avviavi
avviava
avviavamo
avviavate
avviavano

Trapassato prossimo
avevo avviato
avevi avviato
aveva avviato
avevamo avviato
avevate avviato
avevano avviato

Passato remoto
avviai
avviasti
avviò
avviammo
avviaste
avviarono

Trapassato remoto
ebbi avviato
avesti avviato
ebbe avviato
avemmo avviato
aveste avviato
ebbero avviato

Futuro semplice
avvierò
avvierai
avvierà
avvieremo
avvierete
avvieranno

Futuro anteriore
avrò avviato
avrai avviato
avrà avviato
avremo avviato
avrete avviato
avranno avviato

Congiuntivo

Presente
avvii
avvii
avvii
avviamo
avviate
avviino

Imperfetto
avviassi
avviassi
avviasse
avviassimo
avviaste
avviassero

Passato
abbia avviato
abbia avviato
abbia avviato
abbiamo avviato
abbiate avviato
abbiano avviato

Trapassato
avessi avviato
avessi avviato
avesse avviato
avessimo avviato
aveste avviato
avessero avviato

Condizionale

Presente
avvierei
avvieresti
avvierebbe
avvieremmo
avviereste
avvierebbero

Passato
avrei avviato
avresti avviato
avrebbe avviato
avremmo avviato
avreste avviato
avrebbero avviato

Imperativo

—
(tu) avvia
(Lei) avvii
(noi) avviamo
(voi) avviate
(loro) avviino

Gerundio

Presente
avviando

Passato
avendo avviato

Infinito

Passato
avere avviato

Participio

Passato
avviato

avviare *einleiten, starten*

Beispiele und Wendungen
Alle otto Francesco e Lucia si avviano a casa.
Um acht Uhr machen sich Francesco und Lucia auf den Heimweg.

avviare il motore	*den Motor starten*
avviarsi a casa	*sich auf den Heimweg machen*

Weitere Verben
ampliare – deviare – espiare – forviare / fuorviare – inviare – obliare – ovviare – ravviare – razziare – rinviare – sciare – spiare – sviare – traviare

deviare il traffico	*den Verkehr umleiten*
inviare una lettera	*einen Brief (ver-)schicken*
rinviare un appuntamento	*einen Termin verschieben*
sciare sull'acqua	*Wasserski laufen*
spiare qu	*jdn. bespitzeln*

Besonderheiten
Bei diesen regelmäßigen Verben auf -iare wird das betonte -i- des Verbstammes beibehalten (siehe: avv**ii**, avv**ii**no).

Tipp
Lesen Sie die Formen der Konjugation laut vor und achten Sie bei -ii- darauf, dass das erste -i- betont wird. Wiederholen Sie dies auch bei den anderen Verben. Sie können sich dabei auch selbst aufnehmen und diese Aufnahme unterwegs abspielen. So können Sie zum Beispiel im Stau lernen.

Eigene Notizen:

1. Konjugation

baciare *küssen*

Regelmäßiges Verb, aber: -ci- + -e- wird -ce- / -ci- + -i- wird -ci-

Indicativo

Presente
- bacio
- baci
- bacia
- baciamo
- baciate
- baciano

Passato prossimo
- ho baciato
- hai baciato
- ha baciato
- abbiamo baciato
- avete baciato
- hanno baciato

Imperfetto
- baciavo
- baciavi
- baciava
- baciavamo
- baciavate
- baciavano

Trapassato prossimo
- avevo baciato
- avevi baciato
- aveva baciato
- avevamo baciato
- avevate baciato
- avevano baciato

Passato remoto
- baciai
- baciasti
- baciò
- baciammo
- baciaste
- baciarono

Trapassato remoto
- ebbi baciato
- avesti baciato
- ebbe baciato
- avemmo baciato
- aveste baciato
- ebbero baciato

Futuro semplice
- bacerò
- bacerai
- bacerà
- baceremo
- bacerete
- baceranno

Futuro anteriore
- avrò baciato
- avrai baciato
- avrà baciato
- avremo baciato
- avrete baciato
- avranno baciato

Congiuntivo

Presente
- baci
- baci
- baci
- baciamo
- baciate
- bacino

Imperfetto
- baciassi
- baciassi
- baciasse
- baciassimo
- baciaste
- baciassero

Passato
- abbia baciato
- abbia baciato
- abbia baciato
- abbiamo baciato
- abbiate baciato
- abbiano baciato

Trapassato
- avessi baciato
- avessi baciato
- avesse baciato
- avessimo baciato
- aveste baciato
- avessero baciato

Condizionale

Presente
- bacerei
- baceresti
- bacerebbe
- baceremmo
- bacereste
- bacerebbero

Passato
- avrei baciato
- avresti baciato
- avrebbe baciato
- avremmo baciato
- avreste baciato
- avrebbero baciato

Imperativo

- —
- (tu) bacia
- (Lei) baci
- (noi) baciamo
- (voi) baciate
- (loro) bacino

Gerundio

Presente
- baciando

Passato
- avendo baciato

Infinito

Passato
- avere baciato

Participio

Passato
- baciato

baciare *küssen*

Beispiele und Wendungen
Franco ha baciato Lucia per amicizia.
Franco hat Lucia aus Freundschaft geküsst.

baciare la mano	*die Hand küssen*
baciarsi	*sich küssen*

Weitere Verben
abbracciare – annunciare – cominciare – denunciare – incominciare – minacciare – pronunciare – raccorciare – rinunciare – schiacciare

abbracciare un amico	*einen Freund umarmen*
cominciare a fare qc	*beginnen, etw. zu tun*
pronunciare bene una parola	*ein Wort gut aussprechen*
rinunciare a qc	*auf etw. verzichten*
stracciare un foglio	*ein Blatt zerreißen*

Besonderheiten
Die Verben auf -ciare sind regelmäßig, jedoch fällt das -i- weg, wenn die Endung mit -e- beginnt (z. B. Futur: bacerò, bacerai, bacerà etc.). Es bleibt außerdem nur ein -i- stehen, wenn die Endung bereits ein -i enthält (z. B. baci).

Tipp
Achten Sie auf die Aussprache des -i- in -ciare. Dieses ist nur hörbar in den Formen baci, bacino. Bei allen anderen wird -i- nicht gesprochen (bacio, baciamo etc.).*
*Vgl. die Verben lasciare, mangiare

Eigene Notizen:

1. Konjugation

cercare *suchen*

Regelmäßiges Verb, aber: -c- wird -ch- vor -e und -i

Indicativo

Presente
- cerco
- cerchi
- cerca
- cerchiamo
- cercate
- cercano

Passato prossimo
- ho cercato
- hai cercato
- ha cercato
- abbiamo cercato
- avete cercato
- hanno cercato

Imperfetto
- cercavo
- cercavi
- cercava
- cercavamo
- cercavate
- cercavano

Trapassato prossimo
- avevo cercato
- avevi cercato
- aveva cercato
- avevamo cercato
- avevate cercato
- avevano cercato

Passato remoto
- cercai
- cercasti
- cercò
- cercammo
- cercaste
- cercarono

Trapassato remoto
- ebbi cercato
- avesti cercato
- ebbe cercato
- avemmo cercato
- aveste cercato
- ebbero cercato

Futuro semplice
- cercherò
- cercherai
- cercherà
- cercheremo
- cercherete
- cercheranno

Futuro anteriore
- avrò cercato
- avrai cercato
- avrà cercato
- avremo cercato
- avrete cercato
- avranno cercato

Congiuntivo

Presente
- cerchi
- cerchi
- cerchi
- cerchiamo
- cerchiate
- cerchino

Imperfetto
- cercassi
- cercassi
- cercasse
- cercassimo
- cercaste
- cercassero

Passato
- abbia cercato
- abbia cercato
- abbia cercato
- abbiamo cercato
- abbiate cercato
- abbiano cercato

Trapassato
- avessi cercato
- avessi cercato
- avesse cercato
- avessimo cercato
- aveste cercato
- avessero cercato

Condizionale

Presente
- cercherei
- cercheresti
- cercherebbe
- cercheremmo
- cerchereste
- cercherebbero

Passato
- avrei cercato
- avresti cercato
- avrebbe cercato
- avremmo cercato
- avreste cercato
- avrebbero cercato

Imperativo

- —
- (tu) cerca
- (Lei) cerchi
- (noi) cerchiamo
- (voi) cercate
- (loro) cerchino

Gerundio

Presente
- cercando

Passato
- avendo cercato

Infinito

Passato
- avere cercato

Participio

Passato
- cercato

cercare *suchen*

Beispiele und Wendungen

Luigi cerca lavoro da più di un anno.
Luigi sucht seit über einem Jahr Arbeit.

cercasi pizzaiolo	*Pizzabäcker gesucht*
cercare di fare qc	*versuchen, etw. zu tun*
cercare una soluzione	*eine Lösung finden*

Weitere Verben

affaticare – attaccare – cascare – classificare – comunicare – criticare – dimenticare – giocare – giudicare – mancare – nevicare – pescare – praticare – provocare – pubblicare – significare – truccare – vendicare

Ci siamo cascati!	*Wir sind reingefallen!*
dimenticare di fare qc	*vergessen, etw. zu tun*
giocare a pallacanestro	*Basketball spielen*
pubblicare un libro	*ein Buch veröffentlichen*
truccarsi	*sich schminken*

Besonderheiten

Bei den regelmäßigen Verben auf -care wird vor -e und -i ein -h- eingefügt (z. B. cerc**h**i, cerc**h**erò),* um eine einheitliche Aussprache als [k] zu gewährleisten.
* Vgl. pagare

Tipp

Merken Sie sich: -ca-, -co-, -chi- und -che- enthalten allesamt den Laut [k]. Denken Sie einfach an das bekannte Weinanbaugebiet Chianti in der Toskana!

Eigene Notizen:

1. Konjugation

dare *geben*

Indicativo

Presente
do
dai
dà
diamo
date
danno

Passato prossimo
ho   dato
hai   dato
ha   dato
abbiamo dato
avete   dato
hanno   dato

Imperfetto
davo
davi
dava
davamo
davate
davano

Trapassato prossimo
avevo   dato
avevi   dato
aveva   dato
avevamo dato
avevate dato
avevano dato

Passato remoto
diedi/detti
desti
diede/dette
demmo
deste
diedero/dettero

Trapassato remoto
ebbi   dato
avesti   dato
ebbe   dato
avemmo   dato
aveste   dato
ebbero   dato

Futuro semplice
darò
darai
darà
daremo
darete
daranno

Futuro anteriore
avrò   dato
avrai   dato
avrà   dato
avremo   dato
avrete   dato
avranno dato

Congiuntivo

Presente
dia
dia
dia
diamo
diate
diano

Imperfetto
dessi
dessi
desse
dessimo
deste
dessero

Passato
abbia   dato
abbia   dato
abbia   dato
abbiamo dato
abbiate dato
abbiano dato

Trapassato
avessi   dato
avessi   dato
avesse   dato
avessimo dato
aveste   dato
avessero dato

Condizionale

Presente
darei
daresti
darebbe
daremmo
dareste
darebbero

Passato
avrei   dato
avresti   dato
avrebbe   dato
avremmo   dato
avreste   dato
avrebbero dato

Imperativo

—
(tu)   da'/dai
(Lei)   dia
(noi)   diamo
(voi)   date
(loro) diano

Gerundio

Presente
dando

Passato
avendo dato

Infinito

Passato
avere dato

Participio

Passato
dato

dare *geben*

Beispiele und Wendungen

Antonio dà sempre una mancia generosa al cameriere.
Antonio gibt dem Kellner immer ein großzügiges Trinkgeld.

Luisa ha dato uno schiaffo a suo fratello.
Luisa hat ihrem Bruder eine Ohrfeige gegeben.

dare del Lei / tu	*siezen / duzen*
alla TV / al cinema danno…	*im Fernsehen / Kino kommt / läuft …*
darsi a qc	*sich etw. hingeben / widmen*
dare una mano a qc	*jdm. helfen*
Dai!	*Na los! Komm schon!*
darsi da fare	*sich engagieren / einsetzen*

Weitere Verben

ridare (*pres.*: ridò)

Besonderheiten

Die Formen des einfachen Futurs und des Konditional Präsens behalten das -a- bei (vgl. darò ↔ amerò, darei ↔ amerei).
Beachten Sie beim Imperativ die zwei möglichen Formen da' / dai. Diese Doppelformen finden sich auch bei andare, fare und stare.

Tipp

Lernen Sie die Konjugation von dare und stare zusammen, da sich beide sehr ähneln. Dadurch können Sie sich die Endungen leichter einprägen.

Eigene Notizen:

1. Konjugation

lasciare *lassen*

Regelmäßiges Verb, aber: -sci- + -e- wird -sce- / -sci- + -i- wird -sci-

Indicativo		Congiuntivo	Condizionale	
Presente	**Passato prossimo**	**Presente**	**Presente**	
lascio	ho lasciato	lasci	lascerei	
lasci	hai lasciato	lasci	lasceresti	
lascia	ha lasciato	lasci	lascerebbe	
lasciamo	abbiamo lasciato	lasciamo	lasceremmo	
lasciate	avete lasciato	lasciate	lascereste	
lasciano	hanno lasciato	lascino	lascerebbero	
Imperfetto	**Trapassato prossimo**	**Imperfetto**	**Passato**	
lasciavo	avevo lasciato	lasciassi	avrei	lasciato
lasciavi	avevi lasciato	lasciassi	avresti	lasciato
lasciava	aveva lasciato	lasciasse	avrebbe	lasciato
lasciavamo	avevamo lasciato	lasciassimo	avremmo	lasciato
lasciavate	avevate lasciato	lasciaste	avreste	lasciato
lasciavano	avevano lasciato	lasciassero	avrebbero	lasciato
Passato remoto	**Trapassato remoto**	**Passato**		
lasciai	ebbi lasciato	abbia lasciato	**Imperativo**	
lasciasti	avesti lasciato	abbia lasciato		
lasciò	ebbe lasciato	abbia lasciato	—	
lasciammo	avemmo lasciato	abbiamo lasciato	(tu)	lascia
lasciaste	aveste lasciato	abbiate lasciato	(Lei)	lasci
lasciarono	ebbero lasciato	abbiano lasciato	(noi)	lasciamo
			(voi)	lasciate
Futuro semplice	**Futuro anteriore**	**Trapassato**	(loro)	lascino
lascerò	avrò lasciato	avessi lasciato		
lascerai	avrai lasciato	avessi lasciato		
lascerà	avrà lasciato	avesse lasciato		
lasceremo	avremo lasciato	avessimo lasciato		
lascerete	avrete lasciato	aveste lasciato		
lasceranno	avranno lasciato	avessero lasciato		

Gerundio		Infinito	Participio
Presente	**Passato**	**Passato**	**Passato**
lasciando	avendo lasciato	avere lasciato	lasciato

lasciare *lassen*

Beispiele und Wendungen

Stasera mio padre mi lascia la macchina.
Mein Vater überlässt mir heute Abend das Auto.

Dopo due anni Chiara ha lasciato il suo fidanzato.
Nach zwei Jahren hat Chiara ihren Verlobten verlassen.

lasciarsi	*sich trennen*
Lascia perdere!	*Lass gut sein! Vergiss es!*
Lascia fare a me!	*Lass mich nur machen!*
lasciare in pace qu	*jdn. in Ruhe lassen*

Weitere Verben

angosciare – fasciare – rilasciare – sgusciare

rilasciare la patente	*den Führerschein ausstellen*
sgusciare una castagna	*eine Kastanie schälen*

Besonderheiten

Die Verben auf -sciare verlieren bei den Formen des Futurs und Konditionals das -i- des Stammes (z. B. la**sce**rò, la**sce**rei etc.).

Tipp

Das -i- in -sci- ist nur in lasci und lascino zu hören. Ansonsten wird -i- nicht ausgesprochen.* Konjugieren Sie die Verben dieser Gruppe daher immer laut. Achten Sie auch darauf, das die Lautkombinationen -sci und -sce- (la**sci**amo, la**sce**rei) dem deutschen -sch- (z. B. *Schule, waschen*) entsprechen.
* Vgl. die Verben baciare, mangiare

Eigene Notizen:

1. Konjugation

mangiare *essen*

Regelmäßiges Verb, aber: -gi- + -e- wird -ge- / -gi- + -i- wird -gi-

Indicativo		Congiuntivo	Condizionale
Presente	**Passato prossimo**	**Presente**	**Presente**
mangio	ho mangiato	mangi	mangerei
mangi	hai mangiato	mangi	mangeresti
mangia	ha mangiato	mangi	mangerebbe
mangiamo	abbiamo mangiato	mangiamo	mangeremmo
mangiate	avete mangiato	mangiate	mangereste
mangiano	hanno mangiato	mangino	mangerebbero
Imperfetto	**Trapassato prossimo**	**Imperfetto**	**Passato**
mangiavo	avevo mangiato	mangiassi	avrei mangiato
mangiavi	avevi mangiato	mangiassi	avresti mangiato
mangiava	aveva mangiato	mangiasse	avrebbe mangiato
mangiavamo	avevamo mangiato	mangiassimo	avremmo mangiato
mangiavate	avevate mangiato	mangiaste	avreste mangiato
mangiavano	avevano mangiato	mangiassero	avrebbero mangiato
Passato remoto	**Trapassato remoto**	**Passato**	
mangiai	ebbi mangiato	abbia mangiato	**Imperativo**
mangiasti	avesti mangiato	abbia mangiato	
mangiò	ebbe mangiato	abbia mangiato	—
mangiammo	avemmo mangiato	abbiamo mangiato	(tu) mangia
mangiaste	aveste mangiato	abbiate mangiato	(Lei) mangi
mangiarono	ebbero mangiato	abbiano mangiato	(noi) mangiamo
			(voi) mangiate
Futuro semplice	**Futuro anteriore**	**Trapassato**	(loro) mangino
mangerò	avrò mangiato	avessi mangiato	
mangerai	avrai mangiato	avessi mangiato	
mangerà	avrà mangiato	avesse mangiato	
mangeremo	avremo mangiato	avessimo mangiato	
mangerete	avrete mangiato	aveste mangiato	
mangeranno	avranno mangiato	avessero mangiato	

Gerundio		Infinito	Participio
Presente	**Passato**	**Passato**	**Passato**
mangiando	avendo mangiato	avere mangiato	mangiato

mangiare *essen*

Beispiele und Wendungen
Stasera mangiamo al ristorante.
Heute Abend essen wir im Restaurant.

farsi da mangiare	*sich etw. zu essen machen*
Giorgio! Si mangia!	*Giorgio! (Es gibt) Essen!*

Weitere Verben
alloggiare – appoggiare – arrangiarsi – assaggiare – danneggiare – festeggiare – incoraggiare – noleggiare – parcheggiare – passeggiare – viaggiare

alloggiare qu	*jdn. beherbergen / unterbringen*
assaggiare il vino	*den Wein kosten / probieren*
festeggiare il compleanno	*Geburtstag feiern*
parcheggiare nel centro	*im Zentrum parken*
viaggiare in prima classe	*erster Klasse reisen*

Besonderheiten
Die Verben auf -giare verlieren bei den Formen des Futurs und Konditionals das -i- des Stammes (z. B. man**ge**rò, man**ge**rei).

Tipp
Das -i- in -gi- ist nur in mangi und mangino zu hören. Ansonsten wird -i- nicht ausgesprochen.* Konjugieren Sie die Verben dieser Gruppe daher immer laut. Achten Sie auch darauf, dass die Lautkombinationen -gi- und -ge- (man**gi**amo, man**ge**rei) dem Laut in Ge*ntleman* entspricht.
* Vgl. die Verben baciare, lasciare

Eigene Notizen:

pagare *bezahlen*

Regelmäßiges Verb, aber: -g- wird -gh- vor -e und -i

Indicativo

Presente

- pago
- paghi
- paga
- paghiamo
- pagate
- pagano

Passato prossimo

- ho pagato
- hai pagato
- ha pagato
- abbiamo pagato
- avete pagato
- hanno pagato

Imperfetto

- pagavo
- pagavi
- pagava
- pagavamo
- pagavate
- pagavano

Trapassato prossimo

- avevo pagato
- avevi pagato
- aveva pagato
- avevamo pagato
- avevate pagato
- avevano pagato

Passato remoto

- pagai
- pagasti
- pagò
- pagammo
- pagaste
- pagarono

Trapassato remoto

- ebbi pagato
- avesti pagato
- ebbe pagato
- avemmo pagato
- aveste pagato
- ebbero pagato

Futuro semplice

- pagherò
- pagherai
- pagherà
- pagheremo
- pagherete
- pagheranno

Futuro anteriore

- avrò pagato
- avrai pagato
- avrà pagato
- avremo pagato
- avrete pagato
- avranno pagato

Congiuntivo

Presente

- paghi
- paghi
- paghi
- paghiamo
- paghiate
- paghino

Imperfetto

- pagassi
- pagassi
- pagasse
- pagassimo
- pagaste
- pagassero

Passato

- abbia pagato
- abbia pagato
- abbia pagato
- abbiamo pagato
- abbiate pagato
- abbiano pagato

Trapassato

- avessi pagato
- avessi pagato
- avesse pagato
- avessimo pagato
- aveste pagato
- avessero pagato

Condizionale

Presente

- pagherei
- pagheresti
- pagherebbe
- pagheremmo
- paghereste
- pagherebbero

Passato

- avrei pagato
- avresti pagato
- avrebbe pagato
- avremmo pagato
- avreste pagato
- avrebbero pagato

Imperativo

- —
- (tu) paga
- (Lei) paghi
- (noi) paghiamo
- (voi) pagate
- (loro) paghino

Gerundio

Presente

- pagando

Passato

- avendo pagato

Infinito

Passato

- avere pagato

Participio

Passato

- pagato

pagare *bezahlen*

Beispiele und Wendungen
Il Signor Spagnoli paga sempre in contanti.
Herr Spagnoli bezahlt immer bar.

pagare il conto	die *Rechnung bezahlen*
pagare le tasse	*Steuern bezahlen*
Me la pagherai!	*Das wirst du mir büßen!*

Weitere Verben
allegare – allungare – collegare – fregare – interrogare – legare – litigare – lusingare – naufragare – navigare – negare – obbligare – pregare – sbrigare

allegare i documenti	*Unterlagen beifügen / anhängen (Computer)*
fregare qu	*fam. jdn. hereinlegen*
litigare con qu	*mit jdm. streiten*
farsi pregare	*sich bitten lassen*

Besonderheiten
Bei den regelmäßigen Verben auf -gare wird vor -e und -i ein -h- eingefügt (z. B. pag**h**i, pag**h**eremo).* Somit wird eine einheitliche Aussprache gewährleistet, welche dem Laut [g] entspricht.
* Vgl. cercare

Tipp
Merken Sie sich: -ga-, -go-, -ghi- und -ghe- enthalten allesamt den Laut [g]. Eine kleine Aussprachehilfe werden Ihnen sicherlich die leckeren Spag**h**etti bieten, die in zahlreichen Varianten zubereitet werden können.

Eigene Notizen:

1. Konjugation

stare *bleiben*

Indicativo

Presente
sto
stai
sta
stiamo
state
stanno

Passato prossimo
sono   stato
sei   stato
è   stato
siamo   stati
siete   stati
sono   stati

Imperfetto
stavo
stavi
stava
stavamo
stavate
stavano

Trapassato prossimo
ero   stato
eri   stato
era   stato
eravamo stati
eravate stati
erano   stati

Passato remoto
stetti
stesti
stette
stemmo
steste
stettero

Trapassato remoto
fui   stato
fosti   stato
fu   stato
fummo   stati
foste   stati
furono   stati

Futuro semplice
starò
starai
starà
staremo
starete
staranno

Futuro anteriore
sarò   stato
sarai   stato
sarà   stato
saremo   stati
sarete   stati
saranno stati

Congiuntivo

Presente
stia
stia
stia
stiamo
stiate
stiano

Imperfetto
stessi
stessi
stesse
stessimo
steste
stessero

Passato
sia   stato
sia   stato
sia   stato
siamo   stati
siate   stati
siano   stati

Trapassato
fossi   stato
fossi   stato
fosse   stato
fossimo stati
foste   stati
fossero stati

Condizionale

Presente
starei
staresti
starebbe
staremmo
stareste
starebbero

Passato
sarei   stato
saresti   stato
sarebbe   stato
saremmo   stati
sareste   stati
sarebbero stati

Imperativo

—
(tu)   sta'/stai
(Lei)   stia
(noi)   stiamo
(voi)   state
(loro) stiano

Gerundio

Presente
stando

Passato
essendo stato

Infinito

Passato
essere stato

Participio

Passato
stato

stare *bleiben*

Beispiele und Wendungen

Sto in piedi, grazie. Non sono stanco.
Ich bleibe stehen, danke. Ich bin nicht müde.

I pantaloni ti stanno bene.
Die Hose steht dir gut.

Come stai / sta?	*Wie geht es dir / Ihnen?*
starsene a casa	*zu Hause bleiben*
Ci sto!	*Einverstanden! Ich bin dabei!*

Besonderheiten

Die Formen des einfachen Futurs und des Konditional Präsens behalten das -a- bei. (vgl. st**a**rò ↔ am**e**rò, st**a**rei ↔ am**e**rei) Beachten Sie beim Imperativ die zwei möglichen Formen sta'/stai.

Stare + gerundio presente umschreibt eine Handlung, die sich gerade im Verlauf befindet:
Cosa stai facendo? *Was machst du gerade?*
Sto guardando la TV. *Ich schaue gerade fern.*

Stare per + infinito umschreibt ein Ereignis, das gleich geschieht.
Sto per mangiare. *Ich esse gleich.*

Tipp

Lernen Sie die Konjugation von stare und dare zusammen, da sich beide sehr ähneln. Das Gerundium ist im Italienischen sehr beliebt. Spielen Sie doch mit einem Partner ein paar Situationen durch, indem Sie ihn fragen, was er gerade tut und umgekehrt.

Eigene Notizen:

1. Konjugation

studiare *lernen*

Regelmäßiges Verb, aber: -i- + -i- wird -i-

Indicativo

Presente
- studio
- studi
- studia
- studiamo
- studiate
- studiano

Passato prossimo
- ho studiato
- hai studiato
- ha studiato
- abbiamo studiato
- avete studiato
- hanno studiato

Imperfetto
- studiavo
- studiavi
- studiava
- studiavamo
- studiavate
- studiavano

Trapassato prossimo
- avevo studiato
- avevi studiato
- aveva studiato
- avevamo studiato
- avevate studiato
- avevano studiato

Passato remoto
- studiai
- studiasti
- studiò
- studiammo
- studiaste
- studiarono

Trapassato remoto
- ebbi studiato
- avesti studiato
- ebbe studiato
- avemmo studiato
- aveste studiato
- ebbero studiato

Futuro semplice
- studierò
- studierai
- studierà
- studieremo
- studierete
- studieranno

Futuro anteriore
- avrò studiato
- avrai studiato
- avrà studiato
- avremo studiato
- avrete studiato
- avranno studiato

Congiuntivo

Presente
- studi
- studi
- studi
- studiamo
- studiate
- studino

Imperfetto
- studiassi
- studiassi
- studiasse
- studiassimo
- studiaste
- studiassero

Passato
- abbia studiato
- abbia studiato
- abbia studiato
- abbiamo studiato
- abbiate studiato
- abbiano studiato

Trapassato
- avessi studiato
- avessi studiato
- avesse studiato
- avessimo studiato
- aveste studiato
- avessero studiato

Condizionale

Presente
- studierei
- studieresti
- studierebbe
- studieremmo
- studiereste
- studierebbero

Passato
- avrei studiato
- avresti studiato
- avrebbe studiato
- avremmo studiato
- avreste studiato
- avrebbero studiato

Imperativo

- —
- (tu) studia
- (Lei) studi
- (noi) studiamo
- (voi) studiate
- (loro) studino

Gerundio

Presente
- studiando

Passato
- avendo studiato

Infinito

Passato
- avere studiato

Participio

Passato
- studiato

studiare *lernen*

Beispiele und Wendungen

Carla e Franco studiano economia all'università di Milano.
Carla und Franco studieren BWL an der Universität in Mailand.

Oggi resto a casa perché devo studiare.
Ich bleibe heute zu Hause, weil ich lernen muss.

studiare all'università	*an der Universität studieren*
studiare per un esame	*für eine Prüfung lernen*

Weitere Verben

annoiare – annunziare – apparecchiare – arrabbiar(si) – cambiare – divorziare – fischiare – fotocopiare – infischiarsi – iniziare – invecchiare – invidiare – licenziare – macchiare – odiare – pronunziare (pronunciare) – ringraziare – rischiare – risparmiare – scambiare – scoppiare – soffiare – viziare

apparecchiare la tavola	*den Tisch decken*
cambiarsi	*sich umziehen*
Me ne infischio!	*Ich pfeife drauf!*
licenziare qu	*jdn. entlassen*
ringraziare qu	*jdm. danken*
rischiare di fare qc	*riskieren, etw. zu tun*
scambiare una persona per un'altra	*eine Person mit jdm. verwechseln*

Besonderheiten

Bei diesen Verben auf -iare sind – im Gegensatz zu avviare – zwei aufeinander folgende -i- nicht möglich (z. B. stud**i**, stud**i**amo).

Eigene Notizen:

1. Konjugation

tagliare *schneiden*

Regelmäßiges Verb, aber: -gli- + -i- wird -gli-

Indicativo

Presente
- taglio
- tagli
- taglia
- tagliamo
- tagliate
- tagliano

Passato prossimo
- ho tagliato
- hai tagliato
- ha tagliato
- abbiamo tagliato
- avete tagliato
- hanno tagliato

Imperfetto
- tagliavo
- tagliavi
- tagliava
- tagliavamo
- tagliavate
- tagliavano

Trapassato prossimo
- avevo tagliato
- avevi tagliato
- aveva tagliato
- avevamo tagliato
- avevate tagliato
- avevano tagliato

Passato remoto
- tagliai
- tagliasti
- tagliò
- tagliammo
- tagliaste
- tagliarono

Trapassato remoto
- ebbi tagliato
- avesti tagliato
- ebbe tagliato
- avemmo tagliato
- aveste tagliato
- ebbero tagliato

Futuro semplice
- taglierò
- taglierai
- taglierà
- taglieremo
- taglierete
- taglieranno

Futuro anteriore
- avrò tagliato
- avrai tagliato
- avrà tagliato
- avremo tagliato
- avrete tagliato
- avranno tagliato

Congiuntivo

Presente
- tagli
- tagli
- tagli
- tagliamo
- tagliate
- taglino

Imperfetto
- tagliassi
- tagliassi
- tagliasse
- tagliassimo
- tagliaste
- tagliassero

Passato
- abbia tagliato
- abbia tagliato
- abbia tagliato
- abbiamo tagliato
- abbiate tagliato
- abbiano tagliato

Trapassato
- avessi tagliato
- avessi tagliato
- avesse tagliato
- avessimo tagliato
- aveste tagliato
- avessero tagliato

Condizionale

Presente
- taglierei
- taglieresti
- taglierebbe
- taglieremmo
- tagliereste
- taglierebbero

Passato
- avrei tagliato
- avresti tagliato
- avrebbe tagliato
- avremmo tagliato
- avreste tagliato
- avrebbero tagliato

Imperativo

- —
- (tu) taglia
- (Lei) tagli
- (noi) tagliamo
- (voi) tagliate
- (loro) taglino

Gerundio

Presente
- tagliando

Passato
- avendo tagliato

Infinito

Passato
- avere tagliato

Participio

Passato
- tagliato

tagliare *schneiden*

Beispiele und Wendungen
Ugo si fa tagliare i capelli una volta al mese.
Ugo lässt sich einmal im Monat die Haare schneiden.

tagliare a pezzi	*in Stücke schneiden*
tagliarsi con il coltello	*sich mit dem Messer schneiden*
Taglia corto!	*Mach es kurz!*

Weitere Verben
assomigliare – consigliare – invogliare – meravigliare – pigliare – rassomigliare – sbagliare – sconsigliare – somigliare – spogliare – squagliarsi – svegliare

consigliare un ristorante	*ein Restaurant empfehlen*
meravigliarsi di qu	*sich über jdm. wundern*
sbagliare numero	*sich verwählen*
somigliare a qu	*jdm. ähnlich sehen*
squagliarsela	*sich davonmachen*

Besonderheiten
Tagliare und die weiteren Verben dieser Gruppe auf -gliare werden regelmäßig konjugiert, beachten Sie jedoch: -gli- + -i- wird -gli- (z. B. ta**gli**, ta**gli**amo).

Tipp
Für Italienischlerner stellt die Aussprache von -gli-* häufig ein Problem dar. Vergleiche Sie diesen Laut mit -lj- in dem Wort *Kabeljau*.
* Vgl. cogliere, scegliere

Eigene Notizen:

2. Konjugation

bạttere *schlagen*

Regelmäßiges Verb

Indicativo

Presente
batto
batti
batte
battiamo
battete
bạttono

Passato prossimo
ho battuto
hai battuto
ha battuto
abbiamo battuto
avete battuto
hanno battuto

Imperfetto
battevo
battevi
batteva
battevamo
battevate
battẹvano

Trapassato prossimo
avevo battuto
avevi battuto
aveva battuto
avevamo battuto
avevate battuto
avẹvano battuto

Passato remoto
battei
battesti
batté
battemmo
batteste
battẹrono

Trapassato remoto
ebbi battuto
avesti battuto
ebbe battuto
avemmo battuto
aveste battuto
ẹbbero battuto

Futuro semplice
batterò
batterai
batterà
batteremo
batterete
batteranno

Futuro anteriore
avrò battuto
avrai battuto
avrà battuto
avremo battuto
avrete battuto
avranno battuto

Congiuntivo

Presente
batta
batta
batta
battiamo
battiate
bạttano

Imperfetto
battessi
battessi
battesse
battẹssimo
batteste
battẹssero

Passato
abbia battuto
abbia battuto
abbia battuto
abbiamo battuto
abbiate battuto
ạbbiano battuto

Trapassato
avessi battuto
avessi battuto
avesse battuto
avẹssimo battuto
aveste battuto
avẹssero battuto

Condizionale

Presente
batterei
batteresti
batterebbe
batteremmo
battereste
batterẹbbero

Passato
avrei battuto
avresti battuto
avrebbe battuto
avremmo battuto
avreste battuto
avrẹbbero battuto

Imperativo

—
(tu) batti
(Lei) batta
(noi) battiamo
(voi) battete
(loro) bạttano

Gerundio

Presente
battendo

Passato
avendo battuto

Infinito

Passato
avere battuto

Participio

Passato
battuto

bạttere *schlagen*

Beispiele und Wendungen

L'orologio del campanile batte le undici.
Die Uhr des Glockenturms schlägt elf.

La Francia ha battuto il Brasile uno a zero.
Frankreich hat Brasilien eins zu null geschlagen.

battersi per qu	*sich für jdn. schlagen*
battere alla porta	*an die Tür klopfen*
Mi batte il cuore.	*Ich habe Herzklopfen.*
battersi la testa	*sich den Kopf stoßen*
battere le mani	*in die Hände klatschen*
battere un primato	*einen Rekord brechen*
battere un calcio di rigore	*einen Elfmeter schießen*

Weitere Verben

competere – concernere – discernere – esimere – incombere

competere con qu	*mit jdm. konkurrieren / wetteifern*
esimere qu da qc	*jdn. von etw. entbinden*

Tipp

Battere ist ein Musterbeispiel für die Verben auf -ere, die sonst keine Besonderheiten aufweisen. Die regelmäßigen Endungen des Verbs sind in der Konjugationstabelle fett hervorgehoben. Markieren Sie die Endungen dieser Konjugation farbig und prägen Sie sich die Formen gut ein.

Aus battere werden auch zahlreiche Substantive abgeleitet: z. B. la batteria *Schlagzeug*, il batterista *Schlagzeuger*.

Eigene Notizen:

credere *glauben, meinen*

Regelmäßiges Verb mit 2 möglichen Endungen im Passato remoto

Indicativo

Presente
credo
credi
crede
crediamo
credete
credono

Imperfetto
credevo
credevi
credeva
credevamo
credevate
credevano

Passato remoto
credei/-etti
credesti
credé/-ette
credemmo
credeste
crederono/-ettero

Futuro semplice
crederò
crederai
crederà
crederemo
crederete
crederanno

Passato prossimo
ho creduto
hai creduto
ha creduto
abbiamo creduto
avete creduto
hanno creduto

Trapassato prossimo
avevo creduto
avevi creduto
aveva creduto
avevamo creduto
avevate creduto
avevano creduto

Trapassato remoto
ebbi creduto
avesti creduto
ebbe creduto
avemmo creduto
aveste creduto
ebbero creduto

Futuro anteriore
avrò creduto
avrai creduto
avrà creduto
avremo creduto
avrete creduto
avranno creduto

Congiuntivo

Presente
creda
creda
creda
crediamo
crediate
credano

Imperfetto
credessi
credessi
credesse
credessimo
credeste
credessero

Passato
abbia creduto
abbia creduto
abbia creduto
abbiamo creduto
abbiate creduto
abbiano creduto

Trapassato
avessi creduto
avessi creduto
avesse creduto
avessimo creduto
aveste creduto
avessero creduto

Condizionale

Presente
crederei
crederesti
crederebbe
crederemmo
credereste
crederebbero

Passato
avrei creduto
avresti creduto
avrebbe creduto
avremmo creduto
avreste creduto
avrebbero creduto

Imperativo

—
(tu) credi
(Lei) creda
(noi) crediamo
(voi) credete
(loro) credano

Gerundio

Presente
credendo

Passato
avendo creduto

Infinito

Passato
avere creduto

Participio

Passato
creduto

crẹdere *glauben, meinen*

Beispiele und Wendungen
Raffaella non crede a Mario.
Raffaella glaubt Mario nicht.

Il giudice non crede all'innocenza dell'accusato.
Der Richter glaubt nicht an die Unschuld des Angeklagten.

credere a qu / qc	*jdm. glauben / an etw. glauben*
credere in qu / qc	*an jdn. / etw. glauben*
credersi	*sich halten für*
credo di sì / no	*ich glaube ja / nein*

Weitere Verben
cedere – precedere – vendere

cedere a qc	*etw. nachgeben*
precedere qu	*jdm. vorangehen / zuvorkommen*
vendere qc a qu	*jdm. etw. verkaufen*

Besonderheiten
Es handelt sich bei diesen Verben um regelmäßige Verben, die zwei mögliche Endungen im Passato remoto haben (cred**ei** ↔ cred**etti**). Die regelmäßigen Endungen sind in der Konjugationstabelle fett hervorgehoben.

Nach credere che steht der Konjunktiv:
Credo che Peter sia tedesco. *Ich glaube, dass Peter Deutscher ist.*

Tipp
Lernen Sie credere immer mit Präposition, z. B. credere **a** Paolo (*Paulo glauben*), credere **in** Dio (*an Gott glauben*) etc.

Eigene Notizen:

2. Konjugation

bere *trinken*

Indicativo

Presente
bevo
bevi
beve
beviamo
bevete
bevono

Passato prossimo
ho bevuto
hai bevuto
ha bevuto
abbiamo bevuto
avete bevuto
hanno bevuto

Imperfetto
bevevo
bevevi
beveva
bevevamo
bevevate
bevevano

Trapassato prossimo
avevo bevuto
avevi bevuto
aveva bevuto
avevamo bevuto
avevate bevuto
avevano bevuto

Passato remoto
bevvi
bevesti
bevve
bevemmo
beveste
bevvero

Trapassato remoto
ebbi bevuto
avesti bevuto
ebbe bevuto
avemmo bevuto
aveste bevuto
ebbero bevuto

Futuro semplice
berrò
berrai
berrà
berremo
berrete
berranno

Futuro anteriore
avrò bevuto
avrai bevuto
avrà bevuto
avremo bevuto
avrete bevuto
avranno bevuto

Congiuntivo

Presente
beva
beva
beva
beviamo
beviate
bevano

Imperfetto
bevessi
bevessi
bevesse
bevessimo
beveste
bevessero

Passato
abbia bevuto
abbia bevuto
abbia bevuto
abbiamo bevuto
abbiate bevuto
abbiano bevuto

Trapassato
avessi bevuto
avessi bevuto
avesse bevuto
avessimo bevuto
aveste bevuto
avessero bevuto

Condizionale

Presente
berrei
berresti
berrebbe
berremmo
berreste
berrebbero

Passato
avrei bevuto
avresti bevuto
avrebbe bevuto
avremmo bevuto
avreste bevuto
avrebbero bevuto

Imperativo

—
(tu) bevi
(Lei) beva
(noi) beviamo
(voi) bevete
(loro) bevano

Gerundio

Presente
bevendo

Passato
avendo bevuto

Infinito

Passato
avere bevuto

Participio

Passato
bevuto

bere *trinken*

Beispiele und Wendungen

Dopo l'allenamento Flavio beve almeno un litro d'acqua.
Nach dem Training trinkt Flavio mindestens einen Liter Wasser.

Che cosa hai bevuto alla festa di Sergio?
Was hast du denn auf der Party von Sergio getrunken?

dare da bere	zu Trinken geben
offrire qc da bere	einen ausgeben
bersi qc (una storia) *fig.*	sich (eine Geschichte) aufbinden lassen
La macchina beve molto.	Das Auto verbraucht viel.

Besonderheiten

Das Verb bere stammt aus der veralteten Form bevere*. Die Endung -ere von bere ist vor allem in der Konjugation des Futurs und Konditional Präsens erkennbar, in allen anderen Zeiten und Modi ist das -v- von bevere enthalten.
* Vgl. condurre, dire, fare, porre, trarre

Beachten Sie: Der Stamm der verkürzten Form bere erhält bei der Bildung des Futurs und Konditional Präsens -rr-: be**rr**ò, be**rr**ei etc.

Tipp

Lernen Sie das Präsens und Imperfekt, indem Sie die veraltete Form bevere zu Hilfe nehmen. Konjugieren Sie so, als ob es sich um ein gewöhnliches Verb auf -ere handeln würde (vgl. bev**o**, bev**evo** etc.).

Dasselbe gilt übrigens auch für das Gerundium (bev**endo**) und das Partizip Perfekt (bev**uto**).

Eigene Notizen:

2. Konjugation

cadere *fallen*

-d- wird zu -dd-

Indicativo

Presente
- cado
- cadi
- cade
- cadiamo
- cadete
- cadono

Passato prossimo
- sono caduto
- sei caduto
- è caduto
- siamo caduti
- siete caduti
- sono caduti

Imperfetto
- cadevo
- cadevi
- cadeva
- cadevamo
- cadevate
- cadevano

Trapassato prossimo
- ero caduto
- eri caduto
- era caduto
- eravamo caduti
- eravate caduti
- erano caduti

Passato remoto
- caddi
- cadesti
- cadde
- cademmo
- cadeste
- caddero

Trapassato remoto
- fui caduto
- fosti caduto
- fu caduto
- fummo caduti
- foste caduti
- furono caduti

Futuro semplice
- cadrò
- cadrai
- cadrà
- cadremo
- cadrete
- cadranno

Futuro anteriore
- sarò caduto
- sarai caduto
- sarà caduto
- saremo caduti
- sarete caduti
- saranno caduti

Congiuntivo

Presente
- cada
- cada
- cada
- cadiamo
- cadiate
- cadano

Imperfetto
- cadessi
- cadessi
- cadesse
- cadessimo
- cadeste
- cadessero

Passato
- sia caduto
- sia caduto
- sia caduto
- siamo caduti
- siate caduti
- siano caduti

Trapassato
- fossi caduto
- fossi caduto
- fosse caduto
- fossimo caduti
- foste caduti
- fossero caduti

Condizionale

Presente
- cadrei
- cadresti
- cadrebbe
- cadremmo
- cadreste
- cadrebbero

Passato
- sarei caduto
- saresti caduto
- sarebbe caduto
- saremmo caduti
- sareste caduti
- sarebbero caduti

Imperativo

- —
- (tu) cadi
- (Lei) cada
- (noi) cadiamo
- (voi) cadete
- (loro) cadano

Gerundio

Presente
- cadendo

Passato
- essendo caduto

Infinito

Passato
- essere caduto

Participio

Passato
- caduto

cadere *fallen*

Beispiele und Wendungen
Stai attento a non cadere!
Pass auf, dass du nicht hinfällst!

Il ragazzo è caduto dalla bicicletta.
Der Junge ist vom Fahrrad gefallen.

cadere per terra	*auf den Boden fallen*
cadere in una trappola	*in eine Falle tappen*
È caduta la linea.	*Die Leitung ist unterbrochen worden.*

Weitere Verben
accadere – decadere – ricadere – scadere

mi accade spesso	*das passiert mir oft*
il passaporto è scaduto	*der Reisepass ist abgelaufen*

Besonderheiten
In der 1. und 3. Person Singular und Plural des Passato remoto wird -d- zu -dd- (ca**dd**i, ca**dd**e, ca**dd**ero). Im Futur und Konditional Präsens ist der Verbstamm verkürzt (vgl. cadrò ↔ cred**e**rò, cadrei ↔ cred**e**rei).

Tipp
Die Formen mit -dd- werden auf dem vorangehenden Vokal betont: c**a**ddi, c**a**dde, c**a**ddero.

Bilden Sie das Passato prossimo dem Deutschen entsprechend mit essere *sein*:
sono caduto / a   *ich bin gefallen*

Eigene Notizen:

2. Konjugation

chiędere *fragen*

Indicativo

Presente
chiedo
chiedi
chiede
chiediamo
chiedete
chiędono

Passato prossimo
ho   chiesto
hai   chiesto
ha   chiesto
abbiamo   chiesto
avete   chiesto
hanno   chiesto

Imperfetto
chiedevo
chiedevi
chiedeva
chiedevamo
chiedevate
chiedęvano

Trapassato prossimo
avevo   chiesto
avevi   chiesto
aveva   chiesto
avevamo   chiesto
avevate   chiesto
avęvano   chiesto

Passato remoto
chiesi
chiedesti
chiese
chiedemmo
chiedeste
chięsero

Trapassato remoto
ebbi   chiesto
avesti   chiesto
ebbe   chiesto
avemmo   chiesto
aveste   chiesto
ębbero   chiesto

Futuro semplice
chiederò
chiederai
chiederà
chiederemo
chiederete
chiederanno

Futuro anteriore
avrò   chiesto
avrai   chiesto
avrà   chiesto
avremo   chiesto
avrete   chiesto
avranno   chiesto

Congiuntivo

Presente
chieda
chieda
chieda
chiediamo
chiediate
chiędano

Imperfetto
chiedessi
chiedessi
chiedesse
chiedęssimo
chiedeste
chiedęssero

Passato
abbia   chiesto
abbia   chiesto
abbia   chiesto
abbiamo   chiesto
abbiate   chiesto
ąbbiano   chiesto

Trapassato
avessi   chiesto
avessi   chiesto
avesse   chiesto
avęssimo chiesto
aveste   chiesto
avęssero chiesto

Condizionale

Presente
chiederei
chiederesti
chiederebbe
chiederemmo
chiedereste
chiederębbero

Passato
avrei   chiesto
avresti   chiesto
avrebbe   chiesto
avremmo   chiesto
avreste   chiesto
avrębbero chiesto

Imperativo

—
(tu)   chiedi
(Lei)   chieda
(noi)   chiediamo
(voi)   chiedete
(loro) chiędano

Gerundio

Presente
chiedendo

Passato
avendo chiesto

Infinito

Passato
avere chiesto

Participio

Passato
chiesto

chiędere *fragen*

Beispiele und Wendungen

Chiedo a Marianna se viene anche lei.
Ich frage Marianna, ob sie auch kommt.

Il rapitore chiede un milione di euro alla polizia.
Der Entführer verlangt eine Million Euro von der Polizei.

chiedere a qu	*jdn. fragen*
chieder qc (a qu)	*etw. (von jdm.) verlangen, jdn. um etw. bitten*
chiedere di qu	*nach jdm. fragen*

Weitere Verben

richiedere

richiedere qc   *etw. verlangen, erfordern*

Una partita a scacchi richiede molto tempo.
Eine Partie Schach erfordert viel Zeit.

Besonderheiten

Im Passato remoto gibt es drei unregelmäßige Formen: chiesi, chiese und chiesero.

Tipp

Lernen Sie chiedere immer mit der passenden Präposition, z. B. chiedere **di** Maria (*nach Maria fragen*). Bilden Sie im Passato remoto Beispielsätze zu jeder Person, damit Sie sich die Formen besser merken:
Chiesi un favore ad un amico.   *Ich bat einen Freund um einen Gefallen.*

Eigene Notizen:

2. Konjugation

chiụdere *schließen*

Indicativo

Presente
chiudo
chiudi
chiude
chiudiamo
chiudete
chiụdono

Passato prossimo
ho chiuso
hai chiuso
ha chiuso
abbiamo chiuso
avete chiuso
hanno chiuso

Imperfetto
chiudevo
chiudevi
chiudeva
chiudevamo
chiudevate
chiudẹvano

Trapassato prossimo
avevo chiuso
avevi chiuso
aveva chiuso
avevamo chiuso
avevate chiuso
avẹvano chiuso

Passato remoto
chiusi
chiudesti
chiuse
chiudemmo
chiudeste
chiụsero

Trapassato remoto
ebbi chiuso
avesti chiuso
ebbe chiuso
avemmo chiuso
aveste chiuso
ẹbbero chiuso

Futuro semplice
chiuderò
chiuderai
chiuderà
chiuderemo
chiuderete
chiuderanno

Futuro anteriore
avrò chiuso
avrai chiuso
avrà chiuso
avremo chiuso
avrete chiuso
avranno chiuso

Congiuntivo

Presente
chiuda
chiuda
chiuda
chiudiamo
chiudiate
chiụdano

Imperfetto
chiudessi
chiudessi
chiudesse
chiudẹssimo
chiudeste
chiudẹssero

Passato
abbia chiuso
abbia chiuso
abbia chiuso
abbiamo chiuso
abbiate chiuso
ạbbiano chiuso

Trapassato
avessi chiuso
avessi chiuso
avesse chiuso
avẹssimo chiuso
aveste chiuso
avẹssero chiuso

Condizionale

Presente
chiuderei
chiuderesti
chiuderebbe
chiuderemmo
chiudereste
chiuderẹbbero

Passato
avrei chiuso
avresti chiuso
avrebbe chiuso
avremmo chiuso
avreste chiuso
avrẹbbero chiuso

Imperativo

—
(tu) chiudi
(Lei) chiuda
(noi) chiudiamo
(voi) chiudete
(loro) chiụdano

Gerundio

Presente
chiudendo

Passato
avendo chiuso

Infinito

Passato
avere chiuso

Participio

Passato
chiuso

chiudere *fragen*

Beispiele und Wendungen

Chiudi la porta, per favore!
Mach bitte die Tür zu!

chiudere il file	*die Datei schließen*
chiudere la radio	*das Radio abstellen*
chiudersi dentro / fuori	*sich einsperren / aussperren*
chiudere con qn	*mit jmd. abschließen / fertig sein*
chiudere la discussione	*die Diskussion beenden*

Weitere Verben

alludere – concludere – deludere – illudere – rinchiudere

alludere a qc	*auf etw. anspielen*
per concludere	*abschließend*
deludere qn	*jmd. enttäuschen*
illudersi	*sich etw. vormachen*
rinchiudersi in una stanza	*sich in ein Zimmer einschließen*

Besonderheiten

Im Passato remoto gibt es drei unregelmäßige Formen: chiusi, chiuse und chiusero.

Tipp

Lernen Sie chiudere zusammen mit chiedere, da sich beide sehr ähnlich sind.

Eigene Notizen:

2. Konjugation

cogliere *pflücken*

-gli- + -i- bleibt -gli- / -gli- wird zu -lg-, -ls-

Indicativo

Presente

colgo		
cogli		
coglie		
cogliamo		
cogliete		
colgono		

Passato prossimo

ho	colto
hai	colto
ha	colto
abbiamo	colto
avete	colto
hanno	colto

Imperfetto

coglievo
coglievi
coglieva
coglievamo
coglievate
coglievano

Trapassato prossimo

avevo	colto
avevi	colto
aveva	colto
avevamo	colto
avevate	colto
avevano	colto

Passato remoto

colsi
cogliesti
colse
cogliemmo
coglieste
colsero

Trapassato remoto

ebbi	colto
avesti	colto
ebbe	colto
avemmo	colto
aveste	colto
ebbero	colto

Futuro semplice

coglierò
coglierai
coglierà
coglieremo
coglierete
coglieranno

Futuro anteriore

avrò	colto
avrai	colto
avrà	colto
avremo	colto
avrete	colto
avranno	colto

Congiuntivo

Presente

colga
colga
colga
cogliamo
cogliate
colgano

Imperfetto

cogliessi
cogliessi
cogliesse
cogliessimo
coglieste
cogliessero

Passato

abbia	colto
abbia	colto
abbia	colto
abbiamo	colto
abbiate	colto
abbiano	colto

Trapassato

avessi	colto
avessi	colto
avesse	colto
avessimo	colto
aveste	colto
avessero	colto

Condizionale

Presente

coglierei
coglieresti
coglierebbe
coglieremmo
cogliereste
coglierebbero

Passato

avrei	colto
avresti	colto
avrebbe	colto
avremmo	colto
avreste	colto
avrebbero	colto

Imperativo

—
(tu) cogli
(Lei) colga
(noi) cogliamo
(voi) cogliete
(loro) colgano

Gerundio

Presente

cogliendo

Passato

avendo colto

Infinito

Passato

avere colto

Participio

Passato

colto

cogliere *pflücken*

Beispiele und Wendungen
Fabrizio coglie una mela.
Fabrizio pflückt einen Apfel.

cogliere l'occasione	*die Gelegenheit wahrnehmen / nutzen*
cogliere qu in flagrante	*jdn. in flagranti erwischen*

Weitere Verben
accogliere – raccogliere – togliere – sciogliere

accogliere qu	*jdn. aufnehmen / empfangen*
raccogliere qc	*etw. aufheben / (auf)sammeln*
sciogliere i muscoli	*die Muskeln lockern*
togliere qc da qu	*jdm. etw. wegnehmen*

Il dentista mi deve togliere un dente.
Der Zahnarzt muss mir einen Zahn ziehen.

Besonderheiten
Folgendes ist bei den Verben auf -gliere zu beachten:
-gli- + -i- wird -gli- (co**gli**, co**gli**amo)
-gli- wird -lg- (co**lg**o, co**lg**ono)
-gli- wird -ls- (co**ls**i, co**ls**e, co**ls**ero)

Tipp
Für Italienischlerner stellt die Aussprache von -gli-* häufig ein Problem dar. Vergleichen Sie diesen Laut mit -lj- in dem Wort *Kabeljau*.
* Vgl. tagliare, scegliere

Eigene Notizen:

2. Konjugation

compiere *vollenden*

-i- + -i- wird -i- / -i- + -e- wird -i- (Ausnahme: comp**ie**, comp**ie**ndo)

Indicativo

Presente

compio
compi
compie
compiamo
compite
compiono

Imperfetto

compivo
compivi
compiva
compivamo
compivate
compivano

Passato remoto

compii
compisti
compì
compimmo
compiste
compirono

Futuro semplice

compirò
compirai
compirà
compiremo
compirete
compiranno

Passato prossimo

ho compiuto
hai compiuto
ha compiuto
abbiamo compiuto
avete compiuto
hanno compiuto

Trapassato prossimo

avevo compiuto
avevi compiuto
aveva compiuto
avevamo compiuto
avevate compiuto
avevano compiuto

Trapassato remoto

ebbi compiuto
avesti compiuto
ebbe compiuto
avemmo compiuto
aveste compiuto
ebbero compiuto

Futuro anteriore

avrò compiuto
avrai compiuto
avrà compiuto
avremo compiuto
avrete compiuto
avranno compiuto

Congiuntivo

Presente

compia
compia
compia
compiamo
compiate
compiano

Imperfetto

compissi
compissi
compisse
compissimo
compiste
compissero

Passato

abbia compiuto
abbia compiuto
abbia compiuto
abbiamo compiuto
abbiate compiuto
abbiano compiuto

Trapassato

avessi compiuto
avessi compiuto
avesse compiuto
avessimo compiuto
aveste compiuto
avessero compiuto

Condizionale

Presente

compirei
compiresti
compirebbe
compiremmo
compireste
compirebbero

Passato

avrei compiuto
avresti compiuto
avrebbe compiuto
avremmo compiuto
avreste compiuto
avrebbero compiuto

Imperativo

—
(tu) compi
(Lei) compia
(noi) compiamo
(voi) compite
(loro) compiano

Gerundio

Presente

compiendo

Passato

avendo compiuto

Infinito

Passato

avere compiuto

Participio

Passato

compiuto

compiere *vollenden*

Beispiele und Wendungen

Il figlio di Marco compie 12 anni.
Der Sohn von Marco wird 12 Jahre alt.

Ho compiuto il mio dovere.
Ich habe meine Pflicht erfüllt.

compiere ... anni	*... Jahre alt werden*
compiere gli anni	*Geburtstag haben*
compiere qc	*etw. vollenden, erfüllen*

Weitere Verben

adempiere

adempiersi *sich erfüllen, in Erfüllung gehen*
Le previsioni di ieri si adempiono.
Die Wettervorhersage von gestern erfüllt sich.

Besonderheiten

Bitte beachten Sie:
-i- + -i- wird -i- (z. B. comp**i**, comp**i**amo, comp**i**te)
-i- + -e- wird -i- (z. B. comp**i**rò, comp**i**rei), Ausnahme: comp**ie**, comp**ie**ndo

Tipp

Die Kombination -ie- kommt nur bei compie und compiendo vor. Prägen Sie sich daher beide Formen gut ein. Merken Sie sich auch die 1. Person Singular des Passato remoto (comp**ii**).

Eigene Notizen:

condurre *führen*

Indicativo

Presente
- conduco
- conduci
- conduce
- conduciamo
- conducete
- conducono

Passato prossimo
ho	condotto
hai	condotto
ha	condotto
abbiamo	condotto
avete	condotto
hanno	condotto

Imperfetto
- conducevo
- conducevi
- conduceva
- conducevamo
- conducevate
- conducevano

Trapassato prossimo
avevo	condotto
avevi	condotto
aveva	condotto
avevamo	condotto
avevate	condotto
avevano	condotto

Passato remoto
- condussi
- conducesti
- condusse
- conducemmo
- conduceste
- condussero

Trapassato remoto
ebbi	condotto
avesti	condotto
ebbe	condotto
avemmo	condotto
aveste	condotto
ebbero	condotto

Futuro semplice
- condurrò
- condurrai
- condurrà
- condurremo
- condurrete
- condurranno

Futuro anteriore
avrò	condotto
avrai	condotto
avrà	condotto
avremo	condotto
avrete	condotto
avranno	condotto

Congiuntivo

Presente
- conduca
- conduca
- conduca
- conduciamo
- conduciate
- conducano

Imperfetto
- conducessi
- conducessi
- conducesse
- conducessimo
- conduceste
- conducessero

Passato
abbia	condotto
abbia	condotto
abbia	condotto
abbiamo	condotto
abbiate	condotto
abbiano	condotto

Trapassato
avessi	condotto
avessi	condotto
avesse	condotto
avessimo	condotto
aveste	condotto
avessero	condotto

Condizionale

Presente
- condurrei
- condurresti
- condurrebbe
- condurremmo
- condurreste
- condurrebbero

Passato
avrei	condotto
avresti	condotto
avrebbe	condotto
avremmo	condotto
avreste	condotto
avrebbero	condotto

Imperativo

—	
(tu)	conduci
(Lei)	conduca
(noi)	conduciamo
(voi)	conducete
(loro)	conducano

Gerundio

Presente
conducendo

Passato
avendo condotto

Infinito

Passato
avere condotto

Participio

Passato
condotto

condurre *führen*

Beispiele und Wendungen

Il direttore mi conduce nell'ufficio.
Der Direktor führt mich ins Büro.

condurre qu	jdn. bringen / führen
condurre una trasmissione	eine Sendung moderieren

Weitere Verben

introdurre – produrre – ridurre – sedurre – tradurre

introdurre qc / qu	etw. / jdn. einführen
produrre qc	etw. produzieren, erzeugen
ridurre i prezzi	die Preise senken
sedurre qu	jdn. verführen
tradurre un romanzo	einen Roman übersetzen

Besonderheiten

Das Verb condurre stammt aus der veralteten Form conducere*. Die Endung -urre von condurre ist vor allem in der Konjugation des Futurs und Konditional Präsens erkennbar, in allen anderen Zeiten und Modi ist das -c- von conducere noch erkennbar.
* Vgl. bere, dire, fare, porre, trarre

Tipp

Lernen Sie die Formen des Präsens und Imperfekts, indem Sie die veraltete Form conducere zu Hilfe nehmen. Konjugieren Sie so, als ob es sich um ein gewöhnliches Verb auf -ere handeln würde (vgl. conduc**o**, conduc**evo** etc.).

Eigene Notizen:

2. Konjugation

cuocere *kochen, backen*

-uo- wird -o- / -c- wird -ci- vor Endungen auf -a und -o

Indicativo

Presente
cuocio
cuoci
cuoce
c(u)ociamo
c(u)ocete
cuociono

Imperfetto
c(u)ocevo
c(u)ocevi
c(u)oceva
c(u)ocevamo
c(u)ocevate
c(u)ocevano

Passato remoto
cossi
c(u)ocesti
cosse
c(u)ocemmo
c(u)oceste
cossero

Futuro semplice
c(u)ocerò
c(u)ocerai
c(u)ocerà
c(u)oceremo
c(u)ocerete
c(u)oceranno

Passato prossimo
ho   cotto
hai   cotto
ha   cotto
abbiamo   cotto
avete   cotto
hanno   cotto

Trapassato prossimo
avevo   cotto
avevi   cotto
aveva   cotto
avevamo   cotto
avevate   cotto
avevano   cotto

Trapassato remoto
ebbi   cotto
avesti   cotto
ebbe   cotto
avemmo   cotto
aveste   cotto
ebbero   cotto

Futuro anteriore
avrò   cotto
avrai   cotto
avrà   cotto
avremo   cotto
avrete   cotto
avranno   cotto

Congiuntivo

Presente
cuocia
cuocia
cuocia
c(u)ociamo
c(u)ociate
cuociano

Imperfetto
c(u)ocessi
c(u)ocessi
c(u)ocesse
c(u)ocessimo
c(u)oceste
c(u)ocessero

Passato
abbia   cotto
abbia   cotto
abbia   cotto
abbiamo   cotto
abbiate   cotto
abbiano   cotto

Trapassato
avessi   cotto
avessi   cotto
avesse   cotto
avessimo cotto
aveste   cotto
avessero cotto

Condizionale

Presente
c(u)ocerei
c(u)oceresti
c(u)ocerebbe
c(u)oceremmo
c(u)ocereste
c(u)ocerebbero

Passato
avrei   cotto
avresti   cotto
avrebbe   cotto
avremmo   cotto
avreste   cotto
avrebbero cotto

Imperativo

—
(tu)   cuoci
(Lei)   cuocia
(noi)   c(u)ociamo
(voi)   c(u)ocete
(loro)   cuociano

Gerundio

Presente
c(u)ocendo

Passato
avendo cotto

Infinito

Passato
avere cotto

Participio

Passato
cotto

cuocere kochen, backen

Beispiele und Wendungen
Il brodo deve cuocere un'ora e mezza.
Die Brühe muss eineinhalb Stunden kochen.

cuocere qc nell'acqua	*etw. kochen, sieden*
cuocere qc in forno	*etw. backen*
cuocere qc a fuoco lento / vivo	*etw. bei kleiner / großer Flamme kochen*

Weitere Verben
scuocere

far scuocere la pasta   *die Nudeln verkochen lassen*

Besonderheiten
Bei diesen Verben auf -cere wird vor -a und -o ein -i- eingefügt, um eine einheitliche Aussprache beizubehalten (z. B. cuoc**i**o, cuoc**i**a). Der Laut ist somit bei allen Formen der gleiche wie in **ci**ao.

Tipp
Bitte beachten Sie, dass es im Italienischen mehrere Möglichkeiten gibt, um *kochen* auszudrücken. Cuocere bedeutet *kochen* im Sinne von *kochen lassen, garen*. Um die Tätigkeit an sich, also das Zubereiten einer Mahlzeit auszudrücken, benutzt man cucinare:
Francesco cucina molto bene.   *Francesco kocht sehr gut.*

Das *Kochen* bzw. *Sieden* von Wasser wird mit bollire / far bollire wiedergegeben:
Faccio bollire l'acqua.   *Ich bringe das Wasser zum Kochen.*

Eigene Notizen:

dire *sagen*

Indicativo

Presente
- dico
- dici
- dice
- diciamo
- dite
- dicono

Passato prossimo
- ho detto
- hai detto
- ha detto
- abbiamo detto
- avete detto
- hanno detto

Imperfetto
- dicevo
- dicevi
- diceva
- dicevamo
- dicevate
- dicevano

Trapassato prossimo
- avevo detto
- avevi detto
- aveva detto
- avevamo detto
- avevate detto
- avevano detto

Passato remoto
- dissi
- dicesti
- disse
- dicemmo
- diceste
- dissero

Trapassato remoto
- ebbi detto
- avesti detto
- ebbe detto
- avemmo detto
- aveste detto
- ebbero detto

Futuro semplice
- dirò
- dirai
- dirà
- diremo
- direte
- diranno

Futuro anteriore
- avrò detto
- avrai detto
- avrà detto
- avremo detto
- avrete detto
- avranno detto

Congiuntivo

Presente
- dica
- dica
- dica
- diciamo
- diciate
- dicano

Imperfetto
- dicessi
- dicessi
- dicesse
- dicessimo
- diceste
- dicessero

Passato
- abbia detto
- abbia detto
- abbia detto
- abbiamo detto
- abbiate detto
- abbiano detto

Trapassato
- avessi detto
- avessi detto
- avesse detto
- avessimo detto
- aveste detto
- avessero detto

Condizionale

Presente
- direi
- diresti
- direbbe
- diremmo
- direste
- direbbero

Passato
- avrei detto
- avresti detto
- avrebbe detto
- avremmo detto
- avreste detto
- avrebbero detto

Imperativo

- —
- (tu) di'
- (Lei) dica
- (noi) diciamo
- (voi) dite
- (loro) dicano

Gerundio

Presente
- dicendo

Passato
- avendo detto

Infinito

Passato
- avere detto

Participio

Passato
- detto

dire *sagen*

Beispiele und Wendungen

Giorgio dice quasi sempre la verità.
Giorgio sagt fast immer die Wahrheit.

Ti ho detto di andare a casa!
Ich habe dir doch gesagt, dass du nach Hause gehen sollst!

Come si dice …?	*Wie sagt man …?/Was heißt…?*
dire di sì/no	*Ja/Nein sagen*
Come sarebbe a dire?	*Was soll das heißen?*
Dico sul serio!	*Das meine ich im Ernst!*

Weitere Verben

benedire – contraddire – disdire – interdire – maledire

Dio ti benedica!	*Gott segne dich!*
disdire un appuntamento	*einen Termin absagen*

Besonderheiten

Das Verb dire stammt aus der veralteten Form dicere*. Die Endung -ire von dire ist vor allem in der Konjugation des Futurs und Konditional Präsens erkennbar, in allen anderen Zeiten und Modi ist das -c- von dicere noch erkennbar.
* Vgl. bere, condurre, fare, porre, trarre

Tipp

Lernen Sie die Formen des Präsens und Imperfekts, indem Sie die veraltete Form dicere zu Hilfe nehmen (vgl. dic**o**, dic**evo** etc.). Achten Sie jedoch auf die 2. Pers. Pl. im Präsens, sie ist eine Ausnahme und wird von dire abgeleitet.

Eigene Notizen:

2. Konjugation

dolere *wehtun*

Indicativo

Presente
dolgo
duoli
duole
doliamo/dogliamo
dolete
dolgono

Passato prossimo
ho doluto
hai doluto
ha doluto
abbiamo doluto
avete doluto
hanno doluto

Imperfetto
dolevo
dolevi
doleva
dolevamo
dolevate
dolevano

Trapassato prossimo
avevo doluto
avevi doluto
aveva doluto
avevamo doluto
avevate doluto
avevano doluto

Passato remoto
dolsi
dolesti
dolse
dolemmo
doleste
dolsero

Trapassato remoto
ebbi doluto
avesti doluto
ebbe doluto
avemmo doluto
aveste doluto
ebbero doluto

Futuro semplice
dorrò
dorrai
dorrà
dorremo
dorrete
dorranno

Futuro anteriore
avrò doluto
avrai doluto
avrà doluto
avremo doluto
avrete doluto
avranno doluto

Congiuntivo

Presente
dolga
dolga
dolga
doliamo/dogliamo
doliate/dogliate
dolgano

Imperfetto
dolessi
dolessi
dolesse
dolessimo
doleste
dolessero

Passato
abbia doluto
abbia doluto
abbia doluto
abbiamo doluto
abbiate doluto
abbiano doluto

Trapassato
avessi doluto
avessi doluto
avesse doluto
avessimo doluto
aveste doluto
avessero doluto

Condizionale

Presente
dorrei
dorresti
dorrebbe
dorremmo
dorreste
dorrebbero

Passato
avrei doluto
avresti doluto
avrebbe doluto
avremmo doluto
avreste doluto
avrebbero doluto

Imperativo

—
(tu) duoli
(Lei) dolga
(noi) doliamo/dogliamo
(voi) dolete
(loro) dolgano

Gerundio

Presente
dolendo

Passato
avendo doluto

Infinito

Passato
avere doluto

Participio

Passato
doluto

dolere wehtun

Beispiele und Wendungen

Vado dal dentista perché mi dolgono i denti.
Ich gehe zum Zahnarzt, weil ich Zahnschmerzen habe.

dolere a qu   wehtun / schmerzen, bedauern

Weitere Verben

dolersi – condolersi

dolersi di qc   sich über etw. beklagen, beschweren
condolersi con qn   jdm. sein Beileid ausdrücken

Mi duole di non poter venire.
Ich bedaure es, dass ich nicht kommen kann.

Besonderheiten

Das Verb weist einige Besonderheiten auf.

Zum einen ist -uo- in der 2. und 3. Person Präsens Indikativ zu beachten (d**uo**li, d**uo**le).

Im Futur und Konditional Präsens finden Sie nicht den Wortstamm des Infinitivs vor, sondern dorr- (z. B. **dorr**ò, **dorr**ei etc.).

Außerdem sind auch die Doppelformen doliamo / dogliamo und doliate / dogliate erwähnenswert, wobei doliamo und doliate die bevorzugte Variante ist.

Die zusammengesetzten Zeiten werden auch mit essere gebildet.

Tipp

Das Verb wird häufig in der 3. Person Singular oder Plural verwendet. Prägen Sie sich daher die entsprechenden Formen gut ein.

Ein kleiner Hinweis: In dem Verb dolere steckt das Wort dolore *Schmerz*.

Eigene Notizen:

2. Konjugation

dovere *müssen, sollen*

Indicativo

Presente
devo
devi
deve
dobbiamo
dovete
devono

Passato prossimo
ho   dovuto
hai   dovuto
ha   dovuto
abbiamo dovuto
avete   dovuto
hanno   dovuto

Imperfetto
dovevo
dovevi
doveva
dovevamo
dovevate
dovevano

Trapassato prossimo
avevo   dovuto
avevi   dovuto
aveva   dovuto
avevamo dovuto
avevate dovuto
avevano dovuto

Passato remoto
dovetti
dovesti
dovette
dovemmo
doveste
dovettero

Trapassato remoto
ebbi   dovuto
avesti   dovuto
ebbe   dovuto
avemmo   dovuto
aveste   dovuto
ebbero   dovuto

Futuro semplice
dovrò
dovrai
dovrà
dovremo
dovrete
dovranno

Futuro anteriore
avrò   dovuto
avrai   dovuto
avrà   dovuto
avremo   dovuto
avrete   dovuto
avranno dovuto

Congiuntivo

Presente
debba
debba
debba
dobbiamo
dobbiate
debbano

Imperfetto
dovessi
dovessi
dovesse
dovessimo
doveste
dovessero

Passato
abbia   dovuto
abbia   dovuto
abbia   dovuto
abbiamo dovuto
abbiate dovuto
abbiano dovuto

Trapassato
avessi   dovuto
avessi   dovuto
avesse   dovuto
avessimo dovuto
aveste   dovuto
avessero dovuto

Condizionale

Presente
dovrei
dovresti
dovrebbe
dovremmo
dovreste
dovrebbero

Passato
avrei   dovuto
avresti   dovuto
avrebbe   dovuto
avremmo   dovuto
avreste   dovuto
avrebbero dovuto

Imperativo

—
—
—
—
—
—

Gerundio

Presente
dovendo

Passato
avendo dovuto

Infinito

Passato
avere dovuto

Participio

Passato
dovuto

dovere *müssen, sollen*

Beispiele und Wendungen

È' già tardi. Devo andare a casa.
Es ist schon spät. Ich muss nach Hause gehen.

Gianni mi deve ancora dieci euro.
Gianni schuldet mir noch zehn Euro.

dover fare qc	*etw. tun müssen*
non dover fare qc	*etw. nicht zu tun brauchen / nicht tun müssen*
come si deve	*wie es sich gehört*
dovere qc a qu	*jdm. etw. schulden*
Quanto ti devo?	*Wie viel schulde ich dir?*

Besonderheiten

Im Futur und Konditional Präsens ist der Verbstamm verkürzt (vgl. dovrò ↔ chiuderò, dovrei ↔ chiederei).
Die zusammengesetzten Zeiten von dovere werden in der Regel mit dem Hilfsverb avere gebildet. Folgt dem Verb allerdings noch ein Infinitiv, so verlangt dovere dasselbe Hilfsverb wie der nachfolgende Infintiv.
(Vgl. potere, volere)

Ho dovuto prendere una decisione.   *Ich musste eine Entscheidung treffen.*
Non sono dovuto venire.   *Ich musste nicht kommen.*

Tipp

Dovere gehört neben potere, volere und sapere zu den Modalverben. Diese werden im Italienischen sehr häufig verwendet. Lernen Sie deren Bedeutung und Konjugation daher sehr sorgfältig.

Merken Sie sich: dovere ist auch ein Substantiv mit der Bedeutung *Pflicht*:
Alberto fa il suo dovere.   *Alberto tut seine Pflicht.*

Eigene Notizen:

2. Konjugation

fare *machen, tun*

Indicativo

Presente
- faccio
- fai
- fa
- facciamo
- fate
- fanno

Passato prossimo
- ho fatto
- hai fatto
- ha fatto
- abbiamo fatto
- avete fatto
- hanno fatto

Imperfetto
- facevo
- facevi
- faceva
- facevamo
- facevate
- facevano

Trapassato prossimo
- avevo fatto
- avevi fatto
- aveva fatto
- avevamo fatto
- avevate fatto
- avevano fatto

Passato remoto
- feci
- facesti
- fece
- facemmo
- faceste
- fecero

Trapassato remoto
- ebbi fatto
- avesti fatto
- ebbe fatto
- avemmo fatto
- aveste fatto
- ebbero fatto

Futuro semplice
- farò
- farai
- farà
- faremo
- farete
- faranno

Futuro anteriore
- avrò fatto
- avrai fatto
- avrà fatto
- avremo fatto
- avrete fatto
- avranno fatto

Congiuntivo

Presente
- faccia
- faccia
- faccia
- facciamo
- facciate
- facciano

Imperfetto
- facessi
- facessi
- facesse
- facessimo
- faceste
- facessero

Passato
- abbia fatto
- abbia fatto
- abbia fatto
- abbiamo fatto
- abbiate fatto
- abbiano fatto

Trapassato
- avessi fatto
- avessi fatto
- avesse fatto
- avessimo fatto
- aveste fatto
- avessero fatto

Condizionale

Presente
- farei
- faresti
- farebbe
- faremmo
- fareste
- farebbero

Passato
- avrei fatto
- avresti fatto
- avrebbe fatto
- avremmo fatto
- avreste fatto
- avrebbero fatto

Imperativo

- —
- (tu) fa'/fai
- (Lei) faccia
- (noi) facciamo
- (voi) fate
- (loro) facciano

Gerundio

Presente
- facendo

Passato
- avendo fatto

Infinito

Passato
- avere fatto

Participio

Passato
- fatto

78

fare *machen, tun*

Beispiele und Wendungen

Che cosa facciamo stasera?
Was machen wir heute Abend?

Giancarlo fa venire il medico.
Giancarlo lässt den Arzt kommen.

fare colazione	*frühstücken*
fa caldo / freddo	*es ist warm / kalt*
Quanto fa?	*Wie viel macht / kostet das?*

Weitere Verben

rifare – soddisfare – stupefare

rifare qc	*etw. neu machen / wiederholen*
soddisfare qu	*jdn. zufrieden stellen*
stupefare qu	*jdn. erstaunen*

Besonderheiten

Das Verb fare stammt aus der veralteten Form facere.* Die Endung von fare ist vor allem in der Konjugation des Futurs und Konditional Präsens erkennbar.
* Vgl. bere, condurre, dire, porre, trarre

Beachten Sie beim Imperativ die zwei möglichen Formen fa' / fai. Diese Doppelformen finden sich auch bei andare, dare und stare.

Tipp

Die oben genannten Wendungen mit fare sind nur eine kleine Auswahl. Ähnlich dem deutschen Wort *tun* handelt es sich bei fare um ein häufiges Wort, mit dessen Hilfe zahlreiche Ausdrücke gebildet werden können.

Eigene Notizen:

2. Konjugation

godere *genießen*

-er- wird -r-

Indicativo

Presente
- godo
- godi
- gode
- godiamo
- godete
- godono

Passato prossimo
- ho goduto
- hai goduto
- ha goduto
- abbiamo goduto
- avete goduto
- hanno goduto

Imperfetto
- godevo
- godevi
- godeva
- godevamo
- godevate
- godevano

Trapassato prossimo
- avevo goduto
- avevi goduto
- aveva goduto
- avevamo goduto
- avevate goduto
- avevano goduto

Passato remoto
- godei/-etti
- godesti
- godé/-ette
- godemmo
- godeste
- goderono/-ettero

Trapassato remoto
- ebbi goduto
- avesti goduto
- ebbe goduto
- avemmo goduto
- aveste goduto
- ebbero goduto

Futuro semplice
- godrò
- godrai
- godrà
- godremo
- godrete
- godranno

Futuro anteriore
- avrò goduto
- avrai goduto
- avrà goduto
- avremo goduto
- avrete goduto
- avranno goduto

Congiuntivo

Presente
- goda
- goda
- goda
- godiamo
- godiate
- godano

Imperfetto
- godessi
- godessi
- godesse
- godessimo
- godeste
- godessero

Passato
- abbia goduto
- abbia goduto
- abbia goduto
- abbiamo goduto
- abbiate goduto
- abbiano goduto

Trapassato
- avessi goduto
- avessi goduto
- avesse goduto
- avessimo goduto
- aveste goduto
- avessero goduto

Condizionale

Presente
- godrei
- godresti
- godrebbe
- godremmo
- godreste
- godrebbero

Passato
- avrei goduto
- avresti goduto
- avrebbe goduto
- avremmo goduto
- avreste goduto
- avrebbero goduto

Imperativo

- —
- (tu) godi
- (Lei) goda
- (noi) godiamo
- (voi) godete
- (loro) godano

Gerundio

Presente
- godendo

Passato
- avendo goduto

Infinito

Passato
- avere goduto

Participio

Passato
- goduto

godere *genießen*

Beispiele und Wendungen
I turisti si godono il panorama di Napoli.
Die Touristen genießen das Panorama von Neapel.

La nonna di Fabrizio gode di ottima salute.
Die Großmutter von Fabrizio erfreut sich bester Gesundheit.

godere qc	*etw. genießen*
godersi qc	*etw. sehr genießen*
godere di buona salute	*sich guter Gesundheit erfreuen*
godersela	*es sich gut gehen lassen*

Weitere Verben

stragodere	
stragodere	*sich freuen wie ein Schneekönig*

Besonderheiten
Im Futur und Konditional Präsens ist der Verbstamm verkürzt (vgl. godrò ↔ chiud**e**rò, godrei ↔ chied**e**rei).

Die Vorsilbe stra- (stragodere) hat die Funktion eines Superlativs. Solche Verben sind jedoch überwiegend in der Jugendsprache zu finden und nicht im normalen Sprachgebrauch. Man findet diese Vorsilbe noch bei anderen Verben, wie z. B. strafogarsi *sich überfressen*, stravincere *haushoch gewinnen*.

Tipp
Merken Sie sich den Bedeutungsunterschied zwischen godere qc / godersi qc *etw. (sehr) genießen* und godere di qc *sich einer Sache erfreuen*.

Eigene Notizen:

muovere *bewegen*

-uo- wird -o- / -uov- wird -oss-

Indicativo

Presente
- muovo
- muovi
- muove
- m(u)oviamo
- m(u)ovete
- muovono

Passato prossimo
- ho mosso
- hai mosso
- ha mosso
- abbiamo mosso
- avete mosso
- hanno mosso

Imperfetto
- m(u)ovevo
- m(u)ovevi
- m(u)oveva
- m(u)ovevamo
- m(u)ovevate
- m(u)ovevano

Trapassato prossimo
- avevo mosso
- avevi mosso
- aveva mosso
- avevamo mosso
- avevate mosso
- avevano mosso

Passato remoto
- mossi
- m(u)ovesti
- mosse
- m(u)ovemmo
- m(u)oveste
- mossero

Trapassato remoto
- ebbi mosso
- avesti mosso
- ebbe mosso
- avemmo mosso
- aveste mosso
- ebbero mosso

Futuro semplice
- m(u)overò
- m(u)overai
- m(u)overà
- m(u)overemo
- m(u)overete
- m(u)overanno

Futuro anteriore
- avrò mosso
- avrai mosso
- avrà mosso
- avremo mosso
- avrete mosso
- avranno mosso

Congiuntivo

Presente
- muova
- muova
- muova
- m(u)oviamo
- m(u)oviate
- muovano

Imperfetto
- m(u)ovessi
- m(u)ovessi
- m(u)ovesse
- m(u)ovessimo
- m(u)oveste
- m(u)ovessero

Passato
- abbia mosso
- abbia mosso
- abbia mosso
- abbiamo mosso
- abbiate mosso
- abbiano mosso

Trapassato
- avessi mosso
- avessi mosso
- avesse mosso
- avessimo mosso
- aveste mosso
- avessero mosso

Condizionale

Presente
- m(u)overei
- m(u)overesti
- m(u)overebbe
- m(u)overemmo
- m(u)overeste
- m(u)overebbero

Passato
- avrei mosso
- avresti mosso
- avrebbe mosso
- avremmo mosso
- avreste mosso
- avrebbero mosso

Imperativo

- —
- (tu) muovi
- (Lei) muova
- (noi) m(u)oviamo
- (voi) m(u)ovete
- (loro) muovano

Gerundio

Presente
- m(u)ovendo

Passato
- avendo mosso

Infinito

Passato
- avere mosso

Participio

Passato
- mosso

muovere *bewegen*

Beispiele und Wendungen

Non riesco a muovere il braccio. Mi fa troppo male.
Ich kann meinen Arm nicht bewegen. Er tut so weh.

muovere qc	*etw. bewegen*
muoversi	*sich bewegen*
Dai, muoviti!	*Los, beeil dich!*

Weitere Verben

commuovere – promuovere

commuoversi	*gerührt sein*
promuovere (un alunno)	*(einen Schüler) versetzen*

Besonderheiten

-uo- wird -o-
-uov- wird -oss-
Die Formen mit -o- sind im Allgemeinen etwas verbreiteter als jene mit -uo-, sofern der Wortakzent nicht auf diese Silbe fällt.
Bitte beachten Sie die drei unregelmäßigen Formen mossi, mosse und mossero im Passato remoto.

Tipp

Lesen Sie die Formen laut vor und achten Sie auf die Betonungen, die in der Tabelle speziell gekennzeichnet sind. Fällt die Betonung auf -uo- (z. B. mu**o**vono) so liegt der Akzent stets auf dem -o-.*
* Vgl. nuocere, morire, scuotere

Eigene Notizen:

nuocere *schaden*

-c- wird -cci- vor -a und -o / -uoc- wird -ocqu-

Indicativo

Presente
n(u)occio
nuoci
nuoce
n(u)ociamo
n(u)ocete
n(u)occiono

Passato prossimo
ho   n(u)ociuto
hai   n(u)ociuto
ha   n(u)ociuto
abbiamo   n(u)ociuto
avete   n(u)ociuto
hanno   n(u)ociuto

Imperfetto
n(u)ocevo
n(u)ocevi
n(u)oceva
n(u)ocevamo
n(u)ocevate
n(u)ocevano

Trapassato prossimo
avevo   n(u)ociuto
avevi   n(u)ociuto
aveva   n(u)ociuto
avevamo   n(u)ociuto
avevate   n(u)ociuto
avevano   n(u)ociuto

Passato remoto
nocqui
n(u)ocesti
nocque
n(u)ocemmo
n(u)oceste
nocquero

Trapassato remoto
ebbi   n(u)ociuto
avesti   n(u)ociuto
ebbe   n(u)ociuto
avemmo   n(u)ociuto
aveste   n(u)ociuto
ebbero   n(u)ociuto

Futuro semplice
n(u)ocerò
n(u)ocerai
n(u)ocerà
n(u)oceremo
n(u)ocerete
n(u)oceranno

Futuro anteriore
avrò   n(u)ociuto
avrai   n(u)ociuto
avrà   n(u)ociuto
avremo   n(u)ociuto
avrete   n(u)ociuto
avranno   n(u)ociuto

Congiuntivo

Presente
n(u)occia
n(u)occia
n(u)occia
n(u)ociamo
n(u)ociate
n(u)occiano

Imperfetto
n(u)ocessi
n(u)ocessi
n(u)ocesse
n(u)ocessimo
n(u)oceste
n(u)ocessero

Passato
abbia   n(u)ociuto
abbia   n(u)ociuto
abbia   n(u)ociuto
abbiamo   n(u)ociuto
abbiate   n(u)ociuto
abbiano   n(u)ociuto

Trapassato
avessi   n(u)ociuto
avessi   n(u)ociuto
avesse   n(u)ociuto
avessimo n(u)ociuto
aveste   n(u)ociuto
avessero n(u)ociuto

Condizionale

Presente
n(u)ocerei
n(u)oceresti
n(u)ocerebbe
n(u)oceremmo
n(u)ocereste
n(u)ocerebbero

Passato
avrei   n(u)ociuto
avresti   n(u)ociuto
avrebbe   n(u)ociuto
avremmo   n(u)ociuto
avreste   n(u)ociuto
avrebbero n(u)ociuto

Imperativo

—
(tu)   nuoci
(Lei)   n(u)occia
(noi)   n(u)ociamo
(voi)   n(u)ocete
(loro) n(u)occiano

Gerundio

Presente
n(u)ocendo

Passato
avendo n(u)ociuto

Infinito

Passato
avere n(u)ociuto

Participio

Passato
n(u)ociuto

nuocere *schaden*

Beispiele und Wendungen
Fumare nuoce alla salute.
Rauchen schadet der Gesundheit.

Tutti quegli scandali nocevano alla reputazione del governo.
Diese ganzen Skandale schadeten dem Ansehen der Regierung.

nuocere a qu/qc   *jdm./etw. schaden*

Besonderheiten
-c- wird -cci- vor -a und -o (z. B. n(u)o**cci**o, n(u)o**cci**a)
-uoc- wird -ocqu- (n**ocqu**i, n**ocqu**e, n**ocqu**ero)

Die Formen mit -o- sind im Allgemeinen etwas verbreiteter als jene mit -uo-, sofern der Wortakzent nicht auf diese Silbe fällt. Das bedeutet, dass beispielsweise noc**e**vano häufiger gebraucht wird als nuoc**e**vano, wohingegen nu**o**cciono der Variante n**o**cciono vorgezogen wird.

Die Endungen des Passato remoto von nuocere sind dieselben wie bei piacere, nascere und tacere (z. B. no**cque** – pia**cque** – na**cque** – ta**cque**).

Tipp
Das Verb wird häufig in der 3. Person verwendet. Prägen Sie sich daher die entsprechenden Formen gut ein.

Fällt die Betonung auf -uo- (z. B. nu**o**ci) so liegt der Akzent stets auf -o-.*
* Vgl. muovere, morire, scuotere

Eigene Notizen:

2. Konjugation

parere *(er)scheinen*

Indicativo

Presente
- paio
- pari
- pare
- paiamo
- parete
- paiono

Passato prossimo
- sono parso
- sei parso
- è parso
- siamo parsi
- siete parsi
- sono parsi

Imperfetto
- parevo
- parevi
- pareva
- parevamo
- parevate
- parevano

Trapassato prossimo
- ero parso
- eri parso
- era parso
- eravamo parsi
- eravate parsi
- erano parsi

Passato remoto
- parvi
- paresti
- parve
- paremmo
- pareste
- parvero

Trapassato remoto
- fui parso
- fosti parso
- fu parso
- fummo parsi
- foste parsi
- furono parsi

Futuro semplice
- parrò
- parrai
- parrà
- parremo
- parrete
- parranno

Futuro anteriore
- sarò parso
- sarai parso
- sarà parso
- saremo parsi
- sarete parsi
- saranno parsi

Congiuntivo

Presente
- paia
- paia
- paia
- paiamo
- paiate
- paiano

Imperfetto
- paressi
- paressi
- paresse
- paressimo
- pareste
- paressero

Passato
- sia parso
- sia parso
- sia parso
- siamo parsi
- siate parsi
- siano parsi

Trapassato
- fossi parso
- fossi parso
- fosse parso
- fossimo parsi
- foste parsi
- fossero parsi

Condizionale

Presente
- parrei
- parresti
- parrebbe
- parremmo
- parreste
- parrebbero

Passato
- sarei parso
- saresti parso
- sarebbe parso
- saremmo parsi
- sareste parsi
- sarebbero parsi

Imperativo
- —
- —
- —
- —
- —

Gerundio

Presente
- parendo

Passato
- essendo parso

Infinito

Passato
- essere parso

Participio

Passato
- parso

parere *(er)scheinen*

Beispiele und Wendungen

Mi pare di conoscere quella persona.
Ich glaube, jene Person zu kennen.

Faccio sempre quel che mi pare.
Ich tue immer das, was mir gefällt.

pare di sì / no	*anscheinend ja / nein*
Che ve ne pare?	*Was haltet ihr davon?*
Come ti pare!	*Wie du willst!*
Non mi pare vero!	*Das kann ich nicht glauben!*
Mi pareva!	*Das habe ich mir doch gedacht!*

Besonderheiten

Im Futur und Konditional Präsens ist der Verbstamm verkürzt (vgl. parr**ò** ↔ prend**e**rò, pa**rr**ei ↔ prend**e**rei) und erhält zudem -rr-.*
* Vgl. bere: berrei, berrò etc.

Nach parere che steht der Konjunktiv:
Mi pare (che) Laura abbia ragione.   *Es scheint mir, dass Laura Recht hat.*

Tipp

Das Verb wird überwiegend in der 3. Person verwendet. Prägen Sie sich daher die entsprechenden Formen gut ein.

Lernen Sie parere auch in der Verwendung als Substantiv:
sono del parere che (+ Konj.)	*ich bin der Meinung, dass*
a mio parere	*meiner Meinung nach*

Eigene Notizen:

piacere *gefallen*

-c- wird -cc(i)-, -cqu-

Indicativo

Presente
- piaccio
- piaci
- piace
- piacciamo
- piacete
- piacciono

Imperfetto
- piacevo
- piacevi
- piaceva
- piacevamo
- piacevate
- piacevano

Passato remoto
- piacqui
- piacesti
- piacque
- piacemmo
- piaceste
- piacquero

Futuro semplice
- piacerò
- piacerai
- piacerà
- piaceremo
- piacerete
- piaceranno

Passato prossimo
- sono piaciuto
- sei piaciuto
- è piaciuto
- siamo piaciuti
- siete piaciuti
- sono piaciuti

Trapassato prossimo
- ero piaciuto
- eri piaciuto
- era piaciuto
- eravamo piaciuti
- eravate piaciuti
- erano piaciuti

Trapassato remoto
- fui piaciuto
- fosti piaciuto
- fu piaciuto
- fummo piaciuti
- foste piaciuti
- furono piaciuti

Futuro anteriore
- sarò piaciuto
- sarai piaciuto
- sarà piaciuto
- saremo piaciuti
- sarete piaciuti
- saranno piaciuti

Congiuntivo

Presente
- piaccia
- piaccia
- piaccia
- piacciamo
- piacciate
- piacciano

Imperfetto
- piacessi
- piacessi
- piacesse
- piacessimo
- piaceste
- piacessero

Passato
- sia piaciuto
- sia piaciuto
- sia piaciuto
- siamo piaciuti
- siate piaciuti
- siano piaciuti

Trapassato
- fossi piaciuto
- fossi piaciuto
- fosse piaciuto
- fossimo piaciuti
- foste piaciuti
- fossero piaciuti

Condizionale

Presente
- piacerei
- piaceresti
- piacerebbe
- piaceremmo
- piacereste
- piacerebbero

Passato
- sarei piaciuto
- saresti piaciuto
- sarebbe piaciuto
- saremmo piaciuti
- sareste piaciuti
- sarebbero piaciuti

Imperativo

- —
- (tu) piaci
- (Lei) piaccia
- (noi) piacciamo
- (voi) piacete
- (loro) piacciano

Gerundio

Presente
- piacendo

Passato
- essendo piaciuto

Infinito

Passato
- essere piaciuto

Participio

Passato
- piaciuto

piacere *gefallen*

Beispiele und Wendungen
Ti piacciono gli spaghetti alle vongole?
Magst du Spaghetti mit Venusmuscheln?

piacere a qu	*jdm. gefallen, schmecken*
mi piacerebbe fare …	*ich würde gerne … machen*

Weitere Verben
compiacere – dispiacere

compiacersi con qn	*jmd. gratulieren*
mi dispiace	*es tut mir leid*

Besonderheiten
Beachten Sie bitte die Verdoppelung von -c- bei einigen Formen (z. B. pia**cc**io, pia**cc**ia).
Die Endungen des Passato remoto von piacere sind dieselben wie bei nuocere, nascere und tacere (z. B. pia**cque** – no**cque** – na**cque** – ta**cque**).

Das Passato prossimo von piacere wird mit essere gebildet:
Il film mi è piaciuto.   *Der Film hat mir gefallen.*

Tipp
Das Verb wird meistens in der 3. Person verwendet. Prägen Sie sich daher die entsprechenden Formen gut ein.
Lernen Sie piacere auch als Substantiv mit der Bedeutung *Vergnügen, Gefallen*.

fare un piacere a qu	*jdm. einen Gefallen tun*
Piacere!	*Sehr erfreut!*

Eigene Notizen:

porre *setzen, stellen, legen*

Indicativo

Presente
- pongo
- poni
- pone
- poniamo
- ponete
- pongono

Passato prossimo
- ho posto
- hai posto
- ha posto
- abbiamo posto
- avete posto
- hanno posto

Imperfetto
- ponevo
- ponevi
- poneva
- ponevamo
- ponevate
- ponevano

Trapassato prossimo
- avevo posto
- avevi posto
- aveva posto
- avevamo posto
- avevate posto
- avevano posto

Passato remoto
- posi
- ponesti
- pose
- ponemmo
- poneste
- posero

Trapassato remoto
- ebbi posto
- avesti posto
- ebbe posto
- avemmo posto
- aveste posto
- ebbero posto

Futuro semplice
- porrò
- porrai
- porrà
- porremo
- porrete
- porranno

Futuro anteriore
- avrò posto
- avrai posto
- avrà posto
- avremo posto
- avrete posto
- avranno posto

Congiuntivo

Presente
- ponga
- ponga
- ponga
- poniamo
- poniate
- pongano

Imperfetto
- ponessi
- ponessi
- ponesse
- ponessimo
- poneste
- ponessero

Passato
- abbia posto
- abbia posto
- abbia posto
- abbiamo posto
- abbiate posto
- abbiano posto

Trapassato
- avessi posto
- avessi posto
- avesse posto
- avessimo posto
- aveste posto
- avessero posto

Condizionale

Presente
- porrei
- porresti
- porrebbe
- porremmo
- porreste
- porrebbero

Passato
- avrei posto
- avresti posto
- avrebbe posto
- avremmo posto
- avreste posto
- avrebbero posto

Imperativo

- —
- (tu) poni
- (Lei) ponga
- (noi) poniamo
- (voi) ponete
- (loro) pongano

Gerundio

Presente
- ponendo

Passato
- avendo posto

Infinito

Passato
- avere posto

Participio

Passato
- posto

porre *setzen, stellen, legen*

Beispiele und Wendungen

Francesco pone il giornale sul tavolo.
Francesco legt die Zeitung auf den Tisch.

porre qc	*etw. setzen / stellen / legen*
porre una domanda	*eine Frage stellen*
poniamo che (+ Konj.)	*nehmen wir an, dass*

Weitere Verben

comporre – esporre – imporre – proporre – supporre

comporre una canzone	*ein Lied komponieren*
esporre un quadro	*ein Bild ausstellen*
imporre qc a qu	*jdm. etw. auferlegen / aufdrängen*
proporre qc	*etw. vorschlagen*
supporre qc	*etw. vermuten, annehmen*

Besonderheiten

Das Verb porre stammt aus der veralteten Form ponere*. Die Endung von porre ist vor allem in der Konjugation des Futurs und Konditional Präsens erkennbar.
* Vgl. bere, condurre, dire, fare, trarre

Tipp

Das Verb ist in allen Zeiten unregelmäßig. Es empfiehlt sich daher die Formen nach und nach zu lernen, indem man beispielsweise mit dem Indikativ Präsens beginnt. Nehmen Sie doch mal einen Würfel zur Hand und würfeln Sie. Die Zahl entspricht dann der Person des Verbs: z. B. 1: io pongo, 2: tu poni etc.

Eigene Notizen:

potere *können, dürfen*

Indicativo

Presente
- posso
- puoi
- può
- possiamo
- potete
- possono

Passato prossimo
- ho potuto
- hai potuto
- ha potuto
- abbiamo potuto
- avete potuto
- hanno potuto

Imperfetto
- potevo
- potevi
- poteva
- potevamo
- potevate
- potevano

Trapassato prossimo
- avevo potuto
- avevi potuto
- aveva potuto
- avevamo potuto
- avevate potuto
- avevano potuto

Passato remoto
- potei
- potesti
- poté
- potemmo
- poteste
- poterono

Trapassato remoto
- ebbi potuto
- avesti potuto
- ebbe potuto
- avemmo potuto
- aveste potuto
- ebbero potuto

Futuro semplice
- potrò
- potrai
- potrà
- potremo
- potrete
- potranno

Futuro anteriore
- avrò potuto
- avrai potuto
- avrà potuto
- avremo potuto
- avrete potuto
- avranno potuto

Congiuntivo

Presente
- possa
- possa
- possa
- possiamo
- possiate
- possano

Imperfetto
- potessi
- potessi
- potesse
- potessimo
- poteste
- potessero

Passato
- abbia potuto
- abbia potuto
- abbia potuto
- abbiamo potuto
- abbiate potuto
- abbiano potuto

Trapassato
- avessi potuto
- avessi potuto
- avesse potuto
- avessimo potuto
- aveste potuto
- avessero potuto

Condizionale

Presente
- potrei
- potresti
- potrebbe
- potremmo
- potreste
- potrebbero

Passato
- avrei potuto
- avresti potuto
- avrebbe potuto
- avremmo potuto
- avreste potuto
- avrebbero potuto

Imperativo
- —
- —
- —
- —
- —

Gerundio

Presente
potendo

Passato
avendo potuto

Infinito

Passato
avere potuto

Participio

Passato
potuto

potere *können, dürfen*

Beispiele und Wendungen

Ti posso chiedere un favore?
Kann ich dich um einen Gefallen bitten?

può darsi che (+ *Konj.*)	*es könnte sein / es ist möglich, dass*
Non ne posso più!	*Ich kann nicht mehr!*
poter fare qc	*etw. tun können / dürfen*

Besonderheiten

Im Futur und Konditional Präsens ist der Verbstamm verkürzt (vgl. potrò ↔ chiud**e**rò, potrei ↔ chied**e**rei).

Die zusammengesetzten Zeiten von potere werden in der Regel mit dem Hilfsverb avere gebildet. Folgt dem Verb allerdings noch ein Infinitiv, so verlangt potere dasselbe Hilfsverb wie der nachfolgende Infinitiv.
Vgl. dovere, volere
Non ho potuto mangiare.   *Ich konnte nicht essen.*
Sono potuto andare alla festa.   *Ich konnte zu der Feier gehen.*

Tipp

Im Italienischen werden zwei unterschiedliche Verben verwendet, um *können* auszudrücken:
potere und sapere
Posso suonare la chitarra.   *Ich kann Gitarre spielen.*
     (weil ich die Möglichkeit dazu habe)
So suonare la chitarra.   *Ich kann Gitarre spielen.*
     (weil ich die erlernte Fähigkeit habe)

Merken Sie sich: potere ist auch ein Substantiv mit der Bedeutung *Macht*:
essere al potere   *an der Macht sein*

Eigene Notizen:

2. Konjugation

rimanere *bleiben*

n- wird -ng-

Indicativo

Presente

rimango	
rimani	
rimane	
rimaniamo	
rimanete	
rimangono	

Passato prossimo

sono	rimasto
sei	rimasto
è	rimasto
siamo	rimasti
siete	rimasti
sono	rimasti

Imperfetto

rimanevo
rimanevi
rimaneva
rimanevamo
rimanevate
rimanevano

Trapassato prossimo

ero	rimasto
eri	rimasto
era	rimasto
eravamo	rimasti
eravate	rimasti
erano	rimasti

Passato remoto

rimasi
rimanesti
rimase
rimanemmo
rimaneste
rimasero

Trapassato remoto

fui	rimasto
fosti	rimasto
fu	rimasto
fummo	rimasti
foste	rimasti
furono	rimasti

Futuro semplice

rimarrò
rimarrai
rimarrà
rimarremo
rimarrete
rimarranno

Futuro anteriore

sarò	rimasto
sarai	rimasto
sarà	rimasto
saremo	rimasti
sarete	rimasti
saranno	rimasti

Congiuntivo

Presente

rimanga
rimanga
rimanga
rimaniamo
rimaniate
rimangano

Imperfetto

rimanessi
rimanessi
rimanesse
rimanessimo
rimaneste
rimanessero

Passato

sia	rimasto
sia	rimasto
sia	rimasto
siamo	rimasti
siate	rimasti
siano	rimasti

Trapassato

fossi	rimasto
fossi	rimasto
fosse	rimasto
fossimo	rimasti
foste	rimasti
fossero	rimasti

Condizionale

Presente

rimarrei
rimarresti
rimarrebbe
rimarremmo
rimarreste
rimarrebbero

Passato

sarei	rimasto
saresti	rimasto
sarebbe	rimasto
saremmo	rimasti
sareste	rimasti
sarebbero	rimasti

Imperativo

—	
(tu)	rimani
(Lei)	rimanga
(noi)	rimaniamo
(voi)	rimanete
(loro)	rimangano

Gerundio

Presente

rimanendo

Passato

essendo rimasto

Infinito

Passato

essere rimasto

Participio

Passato

rimasto

rimanere bleiben

Beispiele und Wendungen

Stasera rimango a casa.
Heute Abend bleibe ich zu Hause.

Prego, si accomodi! – No, grazie. Rimango in piedi.
Bitte nehmen Sie Platz! – Nein, danke. Ich bleibe stehen.

rimanere a bocca aperta	*erstaunt sein*
rimanere d'accordo	*so verbleiben*
rimanere seduto / in piedi	*sitzen / stehen bleiben*

Weitere Verben

permanere

La situazione finanziaria permane incerta.
Die finanzielle Situation bleibt weiterhin unsicher.

Besonderheiten

-n- wird -ng- (z. B. rima**ng**o, rima**ng**ono)

Im Futur und Konditional Präsens ist der Verbstamm verkürzt (vgl. rima**rr**ò ↔ prend**e**rò, rima**rr**ei ↔ prend**e**rei) und erhält zudem -rr-.*
* Vgl. parere: parrò, parrei etc.

Tipp

Lernen Sie rimanere zusammen mit salire, spegnere, tenere, valere und venire, da diese Verben im Präsens dieselbe Unregelmäßigkeit aufweisen:
rima**ng**o – sal**g**o – spen**g**o – ten**g**o – val**g**o – ven**g**o
rima**ng**ono – sal**g**ono – spen**g**ono – ten**g**ono – val**g**ono – ven**g**ono

Eigene Notizen:

2. Konjugation

sapere *wissen, erfahren, können*

Indicativo

Presente

so
sai
sa
sappiamo
sapete
sanno

Passato prossimo

ho saputo
hai saputo
ha saputo
abbiamo saputo
avete saputo
hanno saputo

Imperfetto

sapevo
sapevi
sapeva
sapevamo
sapevate
sapevano

Trapassato prossimo

avevo saputo
avevi saputo
aveva saputo
avevamo saputo
avevate saputo
avevano saputo

Passato remoto

seppi
sapesti
seppe
sapemmo
sapeste
seppero

Trapassato remoto

ebbi saputo
avesti saputo
ebbe saputo
avemmo saputo
aveste saputo
ebbero saputo

Futuro semplice

saprò
saprai
saprà
sapremo
saprete
sapranno

Futuro anteriore

avrò saputo
avrai saputo
avrà saputo
avremo saputo
avrete saputo
avranno saputo

Congiuntivo

Presente

sappia
sappia
sappia
sappiamo
sappiate
sappiano

Imperfetto

sapessi
sapessi
sapesse
sapessimo
sapeste
sapessero

Passato

abbia saputo
abbia saputo
abbia saputo
abbiamo saputo
abbiate saputo
abbiano saputo

Trapassato

avessi saputo
avessi saputo
avesse saputo
avessimo saputo
aveste saputo
avessero saputo

Condizionale

Presente

saprei
sapresti
saprebbe
sapremmo
sapreste
saprebbero

Passato

avrei saputo
avresti saputo
avrebbe saputo
avremmo saputo
avreste saputo
avrebbero saputo

Imperativo

—
(tu) sappi
(Lei) sappia
(noi) sappiamo
(voi) sappiate
(loro) sappiano

Gerundio

Presente

sapendo

Passato

avendo saputo

Infinito

Passato

avere saputo

Participio

Passato

saputo

sapere wissen, erfahren, können

Beispiele und Wendungen
Lo sai che il fratello di Chiara vive in America?
Weißt du, dass der Bruder von Chiara in Amerika lebt?

sapere qc di qu	*etw. von jdm. wissen*
sapere qc da qu	*etw. von jdm. erfahren*
sapere a memoria	*auswendig wissen / können*
mi sa che	*ich habe den Eindruck, dass*
Non che io sappia!	*Nicht dass ich wüsste!*
Che ne so io!	*Was weiß denn ich!*

Weitere Verben
risapere
risapere qc   etw. erfahren

Besonderheiten
Im Futur und Konditional Präsens ist der Verbstamm verkürzt (vgl. saprò ↔ batt**e**rò, saprei ↔ batt**e**rei).
Im Gebrauch der Vergangenheitszeiten gibt es einen Bedeutungsunterschied:
Non lo sapevi?   Wusstest *du das nicht?*
L'ho saputo da Ernesto.   *Ich* habe *es von Ernesto* erfahren.

Tipp
Merken Sie sich, dass sapere – im Gegensatz zu potere – eine (erlernte) Fähigkeit ausdrückt:
So giocare a carte.   *Ich kann Karten spielen.*
          (Ich weiß, wie es geht.)

Eigene Notizen:

scegliere *(aus)wählen*

-gli- wird -lg-, -ls- / -gli- + -i- wird -gli-

Indicativo

Presente

scelgo
scegli
sceglie
scegliamo
scegliete
scelgono

Imperfetto

sceglievo
sceglievi
sceglieva
sceglievamo
sceglievate
sceglievano

Passato remoto

scelsi
scegliesti
scelse
scegliemmo
sceglieste
scelsero

Futuro semplice

sceglierò
sceglierai
sceglierà
sceglieremo
sceglierete
sceglieranno

Passato prossimo

ho scelto
hai scelto
ha scelto
abbiamo scelto
avete scelto
hanno scelto

Trapassato prossimo

avevo scelto
avevi scelto
aveva scelto
avevamo scelto
avevate scelto
avevano scelto

Trapassato remoto

ebbi scelto
avesti scelto
ebbe scelto
avemmo scelto
aveste scelto
ebbero scelto

Futuro anteriore

avrò scelto
avrai scelto
avrà scelto
avremo scelto
avrete scelto
avranno scelto

Congiuntivo

Presente

scelga
scelga
scelga
scegliamo
scegliate
scelgano

Imperfetto

scegliessi
scegliessi
scegliesse
scegliessimo
sceglieste
scegliessero

Passato

abbia scelto
abbia scelto
abbia scelto
abbiamo scelto
abbiate scelto
abbiano scelto

Trapassato

avessi scelto
avessi scelto
avesse scelto
avessimo scelto
aveste scelto
avessero scelto

Condizionale

Presente

sceglierei
sceglieresti
sceglierebbe
sceglieremmo
scegliereste
sceglierebbero

Passato

avrei scelto
avresti scelto
avrebbe scelto
avremmo scelto
avreste scelto
avrebbero scelto

Imperativo

—
(tu) scegli
(Lei) scelga
(noi) scegliamo
(voi) scegliete
(loro) scelgano

Gerundio

Presente

scegliendo

Passato

avendo scelto

Infinito

Passato

avere scelto

Participio

Passato

scelto

scegliere *(aus)wählen*

Beispiele und Wendungen

Hai già scelto, Umberto?
Hast du schon gewählt, Umberto?

C'è molto da scegliere.
Es gibt eine große Auswahl.

scegliere qu / qc fra	*jdn. / etw. auswählen unter*
scegliersi qu / qc	*sich jdn. / etw. aussuchen*
scegliere di fare qc	*beschließen, etw. zu tun*
c'è da scegliere	*die Auswahl haben*
C'è poco da scegliere!	*Es gibt keine andere Wahl!*

Besonderheiten

Folgendes ist bei den Verben auf -gliere* zu beachten:

-gli- + -i- wird -gli- (sce**gli**, sce**gli**amo)
-gli- wird -lg- (sce**lg**o, sce**lg**ono)
-gli- wird -ls- (sce**ls**i, sce**ls**e, sce**ls**ero)

* Vgl. cogliere

Tipp

Merken Sie sich:
scegliere	*(aus)wählen*
eleggere	*wählen zu* (z. B. Minister)
votare	*wählen (seine Stimme abgeben bei einer Wahl)*

Eigene Notizen:

scuotere *schütteln*

-uo- wird -o-

Indicativo

Presente

scuoto	
scuoti	
scuote	
sc(u)otiamo	
sc(u)otete	
scuotono	

Passato prossimo

ho	scosso
hai	scosso
ha	scosso
abbiamo	scosso
avete	scosso
hanno	scosso

Imperfetto

sc(u)otevo
sc(u)otevi
sc(u)oteva
sc(u)otevamo
sc(u)otevate
sc(u)otevano

Trapassato prossimo

avevo	scosso
avevi	scosso
aveva	scosso
avevamo	scosso
avevate	scosso
avevano	scosso

Passato remoto

scossi
sc(u)otesti
scosse
sc(u)otemmo
sc(u)oteste
scossero

Trapassato remoto

ebbi	scosso
avesti	scosso
ebbe	scosso
avemmo	scosso
aveste	scosso
ebbero	scosso

Futuro semplice

sc(u)oterò
sc(u)oterai
sc(u)oterà
sc(u)oteremo
sc(u)oterete
sc(u)oteranno

Futuro anteriore

avrò	scosso
avrai	scosso
avrà	scosso
avremo	scosso
avrete	scosso
avranno	scosso

Congiuntivo

Presente

scuota
scuota
scuota
sc(u)otiamo
sc(u)otiate
scuotano

Imperfetto

sc(u)otessi
sc(u)otessi
sc(u)otesse
sc(u)otessimo
sc(u)oteste
sc(u)otessero

Passato

abbia	scosso
abbia	scosso
abbia	scosso
abbiamo	scosso
abbiate	scosso
abbiano	scosso

Trapassato

avessi	scosso
avessi	scosso
avesse	scosso
avessimo	scosso
aveste	scosso
avessero	scosso

Condizionale

Presente

sc(u)oterei
sc(u)oteresti
sc(u)oterebbe
sc(u)oteremmo
sc(u)otereste
sc(u)oterebbero

Passato

avrei	scosso
avresti	scosso
avrebbe	scosso
avremmo	scosso
avreste	scosso
avrebbero	scosso

Imperativo

—	
(tu)	scuoti
(Lei)	scuota
(noi)	sc(u)otiamo
(voi)	sc(u)otete
(loro)	scuotano

Gerundio

Presente

sc(u)otendo

Passato

avendo scosso

Infinito

Passato

avere scosso

Participio

Passato

scosso

scuotere *schütteln*

Beispiele und Wendungen
Scuoto la testa perché non mi interessa.
Ich schüttle den Kopf, weil es mich nicht interessiert.

Le onde hanno scosso la nave.
Die Wellen haben das Schiff hin und her geschüttelt.

scuotere la testa	*den Kopf schütteln*
scuotere qc	*etw. (ab-, aus-)schütteln, erschüttern*
scuotersi	*auf-/hochfahren, aufschrecken*
scuotersi dal sonno	*aus dem Schlaf aufschrecken*

Weitere Verben
percuotere – riscuotere

percuotere qn	*jmd. schlagen/verprügeln*
riscuotere qc	*etw. erzielen*

L'attore ha riscosso un grande successo.
Der Schauspieler hat einen großen Erfolg erzielt.

Besonderheiten
-uo- wird -o-
Die regelmäßigen Formen mit -uo- sind jedoch geläufiger (z. B. sc**uo**tiamo, sc**uo**tevo).

Tipp
Fällt die Betonung auf -uo- (z. B. sc**uo**tono) so liegt der Akzent stets auf dem -o-.
Vgl. muovere, nuocere, morire

Eigene Notizen:

sedere *sitzen*

-e- wird -ie-

Indicativo

Presente
siedo / seggo
siedi
siede
sediamo
sedete
siędono / sęggono

Passato prossimo
sono   seduto
sei   seduto
è   seduto
siamo   seduti
siete   seduti
sono   seduti

Imperfetto
sedevo
sedevi
sedeva
sedevamo
sedevate
sedęvano

Trapassato prossimo
ero   seduto
eri   seduto
era   seduto
eravamo   seduti
eravate   seduti
ęrano   seduti

Passato remoto
sedei / -etti
sedesti
sedé / -ette
sedemmo
sedeste
sedęrono / -ęttero

Trapassato remoto
fui   seduto
fosti   seduto
fu   seduto
fummo   seduti
foste   seduti
fụrono seduti

Futum semplice
s(i)ederò
s(i)ederai
s(i)ederà
s(i)ederemo
s(i)ederete
s(i)ederanno

Futuro anteriore
sarò   seduto
sarai   seduto
sarà   seduto
saremo   seduti
sarete   seduti
saranno   seduti

Congiuntivo

Presente
sieda / segga
sieda / segga
sieda / segga
sediamo
sediate
siędano / sęggano

Imperfetto
sedessi
sedessi
sedesse
sedęssimo
sedeste
sedęssero

Passato
sia   seduto
sia   seduto
sia   seduto
siamo   seduti
siate   seduti
siano   seduti

Trapassato
fossi   seduto
fossi   seduto
fosse   seduto
fọssimo   seduti
foste   seduti
fọssero   seduti

Condizionale

Presente
s(i)ederei
s(i)ederesti
s(i)ederebbe
s(i)ederemmo
s(i)edereste
s(i)ederębbero

Passato
sarei   seduto
saresti   seduto
sarebbe   seduto
saremmo   seduti
sareste   seduti
sarębbero   seduti

Imperativo

—
(tu)   siedi
(Lei)   sieda / segga
(noi)   sediamo
(voi)   sedete
(loro) siędano / sęggano

Gerundio

Presente
sedendo

Passato
essendo seduto

Infinito

Passato
ęssere seduto

Participio

Passato
seduto

sedere *sitzen*

Beispiele und Wendungen

Siediti a tavola!
Setz dich an den Tisch!

La sera mi piace sedere sulla terrazza.
Ich sitze abends gerne auf der Terrasse.

sedersi	*sich setzen*
mettersi a sedere	*sich hinsetzen*

Weitere Verben

possedere

possedere qc	*etw. besitzen*
non possedere nulla	*nichts besitzen*

Besonderheiten

In manchen Formen wird im Verbstamm -e- zu -ie- (s**ie**do, s**ie**di etc.). Beachten Sie bitte auch die Doppelformen wie beispielsweise s**ie**do / seggo.
Dieses Verb wird auch mit dem Hilfsverb avere konjugiert.

Tipp

Das Verb wird, wie im Deutschen, häufig reflexiv gebraucht:
mi siedo   *ich setze mich*

Merken Sie sich: Aus sedere lassen sich zahlreiche Wörter ableiten: z. B.

la sede	*Sitz* (einer Firma)
il sedile	*Sitz* (im Auto)
la sedia	*Stuhl*

Eigene Notizen:

2. Konjugation

spegnere *ausschalten*

-gn- wird -ng- vor -o und -a

Indicativo

Presente
spengo
spegni
spegne
spegniamo
spegnete
spengono

Passato prossimo
ho spento
hai spento
ha spento
abbiamo spento
avete spento
hanno spento

Imperfetto
spegnevo
spegnevi
spegneva
spegnevamo
spegnevate
spegnevano

Trapassato prossimo
avevo spento
avevi spento
aveva spento
avevamo spento
avevate spento
avevano spento

Passato remoto
spensi
spegnesti
spense
spegnemmo
spegneste
spensero

Trapassato remoto
ebbi spento
avesti spento
ebbe spento
avemmo spento
aveste spento
ebbero spento

Futuro semplice
spegnerò
spegnerai
spegnerà
spegneremo
spegnerete
spegneranno

Futuro anteriore
avrò spento
avrai spento
avrà spento
avremo spento
avrete spento
avranno spento

Congiuntivo

Presente
spenga
spenga
spenga
spegniamo
spegniate
spengano

Imperfetto
spegnessi
spegnessi
spegnesse
spegnessimo
spegneste
spegnessero

Passato
abbia spento
abbia spento
abbia spento
abbiamo spento
abbiate spento
abbiano spento

Trapassato
avessi spento
avessi spento
avesse spento
avessimo spento
aveste spento
avessero spento

Condizionale

Presente
spegnerei
spegneresti
spegnerebbe
spegneremmo
spegnereste
spegnerebbero

Passato
avrei spento
avresti spento
avrebbe spento
avremmo spento
avreste spento
avrebbero spento

Imperativo

—
(tu) spegni
(Lei) spenga
(noi) spegniamo
(voi) spegnete
(loro) spengano

Gerundio

Presente
spegnendo

Passato
avendo spento

Infinito

Passato
avere spento

Participio

Passato
spento

spe̱gnere *ausschalten*

Beispiele und Wendungen
Spengo la televisione perché è già tardi.
Ich mache den Fernseher aus, weil es schon spät ist.

La candela si è spenta.
Die Kerze ist ausgegangen.

spegnere qc	*etw. ausmachen (-schalten)*
spegnere la luce / la radio	*das Licht / Radio ausmachen*
spegnersi	*ausgehen, sich ausschalten*
spegnere il fuoco	*das Feuer löschen*

Besonderheiten
-gn- wird -ng-
Die Formen mit -ng- finden sich ausschließlich im Präsens des Indikativs und Konjunktivs:
spe**ng**o, spe**ng**ono, spe**ng**a, spe**ng**ano.

Tipp
Lernen Sie spegnere zusammen mit rimanere, salire, tenere, valere und venire, da diese Verben im Präsens dieselbe Unregelmäßigkeit aufweisen:
spen**g**o – riman**g**o – sal**g**o – ten**g**o – val**g**o – ven**g**o
spen**g**ono – riman**g**ono – sal**g**ono – ten**g**ono – val**g**ono – ven**g**ono
etc.

Merken Sie sich: Die Aussprache von -gn- (z. B. in spe**gn**ere, spe**gn**i, spe**gn**e etc.) entspricht -gn- in dem Wort Cognac.

Eigene Notizen:

tacere *schweigen*

-c- wird -cc(i)-, -cqu-

Indicativo

Presente

taccio	
taci	
tace	
tac(c)iamo	
tacete	
tacciono	

Imperfetto

tacevo
tacevi
taceva
tacevamo
tacevate
tacevano

Passato remoto

tacqui
tacesti
tacque
tacemmo
taceste
tacquero

Futuro semplice

tacerò
tacerai
tacerà
taceremo
tacerete
taceranno

Passato prossimo

ho	taciuto
hai	taciuto
ha	taciuto
abbiamo	taciuto
avete	taciuto
hanno	taciuto

Trapassato prossimo

avevo	taciuto
avevi	taciuto
aveva	taciuto
avevamo	taciuto
avevate	taciuto
avevano	taciuto

Trapassato remoto

ebbi	taciuto
avesti	taciuto
ebbe	taciuto
avemmo	taciuto
aveste	taciuto
ebbero	taciuto

Futuro anteriore

avrò	taciuto
avrai	taciuto
avrà	taciuto
avremo	taciuto
avrete	taciuto
avranno	taciuto

Congiuntivo

Presente

taccia
taccia
taccia
tac(c)iamo
tac(c)iate
tacciano

Imperfetto

tacessi
tacessi
tacesse
tacessimo
taceste
tacessero

Passato

abbia	taciuto
abbia	taciuto
abbia	taciuto
abbiamo	taciuto
abbiate	taciuto
abbiano	taciuto

Trapassato

avessi	taciuto
avessi	taciuto
avesse	taciuto
avessimo	taciuto
aveste	taciuto
avessero	taciuto

Condizionale

Presente

tacerei
taceresti
tacerebbe
taceremmo
tacereste
tacerebbero

Passato

avrei	taciuto
avresti	taciuto
avrebbe	taciuto
avremmo	taciuto
avreste	taciuto
avrebbero	taciuto

Imperativo

—	
(tu)	taci
(Lei)	taccia
(noi)	tac(c)iamo
(voi)	tacete
(loro)	tacciano

Gerundio

Presente

tacendo

Passato

avendo taciuto

Infinito

Passato

avere taciuto

Participio

Passato

taciuto

tacere schweigen

Beispiele und Wendungen

Giovanni tace perché non vuole tradire il suo amico.
Giovanni schweigt, weil er seinen Freund nicht verraten will.

far tacere qu	*jdm. zum Schweigen bringen*
tacere la verità	*die Wahrheit verschweigen*
Tacete una buona volta!	*Seid endlich still !*
Chi tace acconsente.	*Wer schweigt, stimmt zu.* (Sprichwort)

Weitere Verben

sottacere (lit.)
sottacere qc   *etw. verschweigen*
Franco mi sottace la verità.
Franco verschweigt mir die Wahrheit.

Besonderheiten

-c- wird -cc(i)- (z. B. ta**cci**o, ta**cci**ono)
-c- wird -cqu- (ta**cqu**i, ta**cqu**e, ta**cqu**ero)

Die Endungen des Passato remoto von tacere sind dieselben wie bei nuocere, piacere und nascere (z. B. ta**cque** – no**cque** – pia**cque** – na**cque**).

Tipp

Lernen Sie tacere zusammen mit piacere, da beide Verben dieselben Unregelmäßigkeiten aufweisen. Auffällig ist hierbei die Verdoppelung von -c- bei einigen Formen (z. B. ta**cci**o – pia**cci**o).

Eigene Notizen:

2. Konjugation

tenere *halten*

Indicativo

Presente

tengo
tieni
tiene
teniamo
tenete
tengono

Passato prossimo

ho tenuto
hai tenuto
ha tenuto
abbiamo tenuto
avete tenuto
hanno tenuto

Imperfetto

tenevo
tenevi
teneva
tenevamo
tenevate
tenevano

Trapassato prossimo

avevo tenuto
avevi tenuto
aveva tenuto
avevamo tenuto
avevate tenuto
avevano tenuto

Passato remoto

tenni
tenesti
tenne
tenemmo
teneste
tennero

Trapassato remoto

ebbi tenuto
avesti tenuto
ebbe tenuto
avemmo tenuto
aveste tenuto
ebbero tenuto

Futuro semplice

terrò
terrai
terrà
terremo
terrete
terranno

Futuro anteriore

avrò tenuto
avrai tenuto
avrà tenuto
avremo tenuto
avrete tenuto
avranno tenuto

Congiuntivo

Presente

tenga
tenga
tenga
teniamo
teniate
tengano

Imperfetto

tenessi
tenessi
tenesse
tenessimo
teneste
tenessero

Passato

abbia tenuto
abbia tenuto
abbia tenuto
abbiamo tenuto
abbiate tenuto
abbiano tenuto

Trapassato

avessi tenuto
avessi tenuto
avesse tenuto
avessimo tenuto
aveste tenuto
avessero tenuto

Condizionale

Presente

terrei
terresti
terrebbe
terremmo
terreste
terrebbero

Passato

avrei tenuto
avresti tenuto
avrebbe tenuto
avremmo tenuto
avreste tenuto
avrebbero tenuto

Imperativo

—
(tu) tieni
(Lei) tenga
(noi) teniamo
(voi) tenete
(loro) tengano

Gerundio

Presente

tenendo

Passato

avendo tenuto

Infinito

Passato

avere tenuto

Participio

Passato

tenuto

tenere *halten*

Beispiele und Wendungen

Potresti tenere la borsa, per cortesia?
Könntest du die Tasche bitte halten?

Tieni il libro se ti piace.
Behalte das Buch, wenn es dir gefällt.

ci tengo molto	*es liegt mir viel daran*
tenere duro	*durchhalten*

Weitere Verben

appartenere – contenere – mantenere – ottenere – trattenere

mantenere la parola	*Wort halten*
ottenere un premio	*einen Preis erhalten*
trattenersi	*bleiben, sich aufhalten*

Besonderheiten

-n- wird -ng- (z. B. te**ng**o, te**ng**ono)

Im Futur und Konditional Präsens ist der Verbstamm verkürzt (vgl. te**rr**ò ↔ prend**er**ò, te**rr**ei ↔ prend**er**ei) und erhält zudem -rr-.

Tipp

Lernen Sie tenere zusammen mit rimanere, salire, spegnere, valere und venire, da diese Verben im Präsens dieselbe Unregelmäßigkeit aufweisen:
ten**g**o – riman**g**o – sal**g**o – spen**g**o – val**g**o – ven**g**o
ten**g**ono – riman**g**ono – sal**g**ono – spen**g**ono – val**g**ono – ven**g**ono
etc.

Eigene Notizen:

2. Konjugation

trarre *ziehen*

Indicativo

Presente
- traggo
- trai
- trae
- traiamo
- traete
- traggono

Passato prossimo
- ho tratto
- hai tratto
- ha tratto
- abbiamo tratto
- avete tratto
- hanno tratto

Imperfetto
- traevo
- traevi
- traeva
- traevamo
- traevate
- traevano

Trapassato prossimo
- avevo tratto
- avevi tratto
- aveva tratto
- avevamo tratto
- avevate tratto
- avevano tratto

Passato remoto
- trassi
- traesti
- trasse
- traemmo
- traeste
- trassero

Trapassato remoto
- ebbi tratto
- avesti tratto
- ebbe tratto
- avemmo tratto
- aveste tratto
- ebbero tratto

Futuro semplice
- trarrò
- trarrai
- trarrà
- trarremo
- trarrete
- trarranno

Futuro anteriore
- avrò tratto
- avrai tratto
- avrà tratto
- avremo tratto
- avrete tratto
- avranno tratto

Congiuntivo

Presente
- tragga
- tragga
- tragga
- traiamo
- traiate
- traggano

Imperfetto
- traessi
- traessi
- traesse
- traessimo
- traeste
- traessero

Passato
- abbia tratto
- abbia tratto
- abbia tratto
- abbiamo tratto
- abbiate tratto
- abbiano tratto

Trapassato
- avessi tratto
- avessi tratto
- avesse tratto
- avessimo tratto
- aveste tratto
- avessero tratto

Condizionale

Presente
- trarrei
- trarresti
- trarrebbe
- trarremmo
- trarreste
- trarrebbero

Passato
- avrei tratto
- avresti tratto
- avrebbe tratto
- avremmo tratto
- avreste tratto
- avrebbero tratto

Imperativo

- —
- (tu) trai
- (Lei) tragga
- (noi) traiamo
- (voi) traete
- (loro) traggano

Gerundio

Presente
- traendo

Passato
- avendo tratto

Infinito

Passato
- avere tratto

Participio

Passato
- tratto

trarre *ziehen*

Beispiele und Wendungen

Il rapinatore trae la pistola dalla tasca.
Der Räuber zieht die Pistole aus der Tasche.

L'argomento del film fu tratto da un romanzo.
Die Handlung des Film wurde einem Roman entnommen.

trarre qc da qc	etw. aus etw. ziehen / entnehmen
trarre da un romanzo	einem Roman entnehmen
trarre in engano	jdn. hinters Licht führen
trarre in errore	jdn. in die Irre führen

Weitere Verben

contrarre – detrarre – distrarre – estrarre

contrarre matrimonio	*Ehe schließen*
detrarre due da cinque	*zwei von fünf abziehen*
distrarsi	*sich ablenken*
estrarre i numeri del lotto	*die Lottozahlen ziehen*

Besonderheiten

Das Verb trarre stammt aus der veralteten Form traere*. Die Endung von trarre ist vor allem in der Konjugation des Futurs und Konditional Präsens erkennbar.
* Vgl. bere, condurre, dire, fare, porre

Tipp

Lernen Sie die Formen des Imperfekts, indem Sie die veraltete Form traere zu Hilfe nehmen. Konjugieren Sie schließlich so, als ob es sich um ein gewöhnliches Verb auf -ere handeln würde (tra**evo**, tra**evi** etc.).

Eigene Notizen:

2. Konjugation

valere *gelten*

Indicativo

Presente
valgo
vali
vale
valiamo
valete
valgono

Passato prossimo
sono valso
sei valso
è valso
siamo valsi
siete valsi
sono valsi

Imperfetto
valevo
valevi
valeva
valevamo
valevate
valevano

Trapassato prossimo
ero valso
eri valso
era valso
eravamo valsi
eravate valsi
erano valsi

Passato remoto
valsi
valesti
valse
valemmo
valeste
valsero

Trapassato remoto
fui valso
fosti valso
fu valso
fummo valsi
foste valsi
furono valsi

Futuro semplice
varrò
varrai
varrà
varremo
varrete
varranno

Futuro anteriore
sarò valso
sarai valso
sarà valso
saremo valsi
sarete valsi
saranno valsi

Congiuntivo

Presente
valga
valga
valga
valiamo
valiate
valgano

Imperfetto
valessi
valessi
valesse
valessimo
valeste
valessero

Passato
sia valso
sia valso
sia valso
siamo valsi
siate valsi
siano valsi

Trapassato
fossi valso
fossi valso
fosse valso
fossimo valsi
foste valsi
fossero valsi

Condizionale

Presente
varrei
varresti
varrebbe
varremmo
varreste
varrebbero

Passato
sarei valso
saresti valso
sarebbe valso
saremmo valsi
sareste valsi
sarebbero valsi

Imperativo

—
(tu) vali
(Lei) valga
(noi) valiamo
(voi) valete
(loro) valgano

Gerundio

Presente
valendo

Passato
essendo valso

Infinito

Passato
essere valso

Participio

Passato
valso

valere *gelten*

Beispiele und Wendungen

Questo vale per tutti, anche per te.
Das gilt für alle, auch für dich.

Questo gioiello vale almeno tre mila euro.
Dieses Schmuckstück ist mindestens dreitausend Euro wert.

valere per qu	*für jdn. gelten*
valere di più / meno	*mehr / weniger wert sein*
Non vale la pena.	*Das lohnt sich nicht.*

Weitere Verben

avvalersi – equivalere – prevalere – rivalersi

avvalersi di qc	*von etw. Gebrauch machen*
prevalere su qc	*etw. überwiegen*

Besonderheiten

Im Futur und Konditional Präsens ist der Verbstamm verkürzt (vgl. va**rr**ò ↔ prend**e**rò, va**rr**ei ↔ prend**e**rei) und erhält zudem -rr-.
Dieses Verb wird auch mit dem Hilfsverb avere konjugiert.

Tipp

Lernen Sie valere zusammen mit rimanere, salire, spegnere, tenere und venire, da diese Verben im Präsens dieselbe Unregelmäßigkeit aufweisen:
val**g**o – riman**g**o – sal**g**o – spen**g**o – ten**g**o – ven**g**o
val**g**ono – riman**g**ono – sal**g**ono – spen**g**ono – ten**g**ono – ven**g**ono
etc.

Merken Sie sich: Aus valere lässt sich das Wort la valuta *Währung* ableiten.

Eigene Notizen:

2. Konjugation

vedere *sehen*

Indicativo

Presente
- vedo
- vedi
- vede
- vediamo
- vedete
- vedono

Passato prossimo
- ho visto
- hai visto
- ha visto
- abbiamo visto
- avete visto
- hanno visto

Imperfetto
- vedevo
- vedevi
- vedeva
- vedevamo
- vedevate
- vedevano

Trapassato prossimo
- avevo visto
- avevi visto
- aveva visto
- avevamo visto
- avevate visto
- avevano visto

Passato remoto
- vidi
- vedesti
- vide
- vedemmo
- vedeste
- videro

Trapassato remoto
- ebbi visto
- avesti visto
- ebbe visto
- avemmo visto
- aveste visto
- ebbero visto

Futuro semplice
- vedrò
- vedrai
- vedrà
- vedremo
- vedrete
- vedranno

Futuro anteriore
- avrò visto
- avrai visto
- avrà visto
- avremo visto
- avrete visto
- avranno visto

Congiuntivo

Presente
- veda
- veda
- veda
- vediamo
- vediate
- vedano

Imperfetto
- vedessi
- vedessi
- vedesse
- vedessimo
- vedeste
- vedessero

Passato
- abbia visto
- abbia visto
- abbia visto
- abbiamo visto
- abbiate visto
- abbiano visto

Trapassato
- avessi visto
- avessi visto
- avesse visto
- avessimo visto
- aveste visto
- avessero visto

Condizionale

Presente
- vedrei
- vedresti
- vedrebbe
- vedremmo
- vedreste
- vedrebbero

Passato
- avrei visto
- avresti visto
- avrebbe visto
- avremmo visto
- avreste visto
- avrebbero visto

Imperativo

- —
- (tu) vedi
- (Lei) veda
- (noi) vediamo
- (voi) vedete
- (loro) vedano

Gerundio

Presente
- vedendo

Passato
- avendo visto

Infinito

Passato
- avere visto

Participio

Passato
- visto/veduto

vedere sehen

Beispiele und Wendungen

Mio nonno ci vede male senza gli occhiali.
Mein Großvater sieht ohne Brille schlecht.

Hai visto l'ultimo film di Roberto Benigni?
Hast du den neuesten Film von Roberto Benigni gesehen?

Ci vediamo!	*Bis bald! Man sieht sich!*
Non vedo l'ora.	*Ich kann es kaum erwarten.*
avere a che vedere con qu	*mit jdm. zu tun haben*

Weitere Verben

prevedere – rivedere

prevedere qc	*etw. voraussehen*
arrivederci	*auf Wiedersehen*

Besonderheiten

Im Futur und Konditional Präsens ist der Verbstamm verkürzt (vgl. vedrò ↔ pagherò, vedrei ↔ pagherei).

Beachten Sie die Doppelform visto / veduto des Partizip Perfekt. In der gesprochenen Sprache ist allerdings die unregelmäßige Form visto üblich.

Tipp

Vedere ist in einer Vielzahl von Wendungen zu finden. Notieren Sie sich diese auf einem Zettel, den Sie beispielsweise an den Kühlschrank hängen können. Mit ci vediamo beispielsweise verabschiedet man sich von guten Freunden.

Eigene Notizen:

vìvere *leben*

-v- wird -ss-

Indicativo

Presente
- vivo
- vivi
- vive
- viviamo
- vivete
- vìvono

Passato prossimo
- ho vissuto
- hai vissuto
- ha vissuto
- abbiamo vissuto
- avete vissuto
- hanno vissuto

Imperfetto
- vivevo
- vivevi
- viveva
- vivevamo
- vivevate
- vivèvano

Trapassato prossimo
- avevo vissuto
- avevi vissuto
- aveva vissuto
- avevamo vissuto
- avevate vissuto
- avèvano vissuto

Passato remoto
- vissi
- vivesti
- visse
- vivemmo
- viveste
- vìssero

Trapassato remoto
- ebbi vissuto
- avesti vissuto
- ebbe vissuto
- avemmo vissuto
- aveste vissuto
- èbbero vissuto

Futuro semplice
- vivrò
- vivrai
- vivrà
- vivremo
- vivrete
- vivranno

Futuro anteriore
- avrò vissuto
- avrai vissuto
- avrà vissuto
- avremo vissuto
- avrete vissuto
- avranno vissuto

Congiuntivo

Presente
- viva
- viva
- viva
- viviamo
- viviate
- vìvano

Imperfetto
- vivessi
- vivessi
- vivesse
- vivèssimo
- viveste
- vivèssero

Passato
- abbia vissuto
- abbia vissuto
- abbia vissuto
- abbiamo vissuto
- abbiate vissuto
- àbbiano vissuto

Trapassato
- avessi vissuto
- avessi vissuto
- avesse vissuto
- avèssimo vissuto
- aveste vissuto
- avèssero vissuto

Condizionale

Presente
- vivrei
- vivresti
- vivrebbe
- vivremmo
- vivreste
- vivrèbbero

Passato
- avrei vissuto
- avresti vissuto
- avrebbe vissuto
- avremmo vissuto
- avreste vissuto
- avrèbbero vissuto

Imperativo

- —
- (tu) vivi
- (Lei) viva
- (noi) viviamo
- (voi) vivete
- (loro) vìvano

Gerundio

Presente
- vivendo

Passato
- avendo vissuto

Infinito

Passato
- avere vissuto

Participio

Passato
- vissuto

vivere *leben*

Beispiele und Wendungen

Luigi vive in Germania da venticinque anni.
Luigi lebt seit fünfundzwanzig Jahren in Deutschland.

vivere in campagna / città	*auf dem Land / in der Stadt leben*
vivere alla grande	*auf großem Fuß leben*
vivere alla giornata	*in den Tag hineinleben*
vivere di qc	*von etw. leben*
andare a vivere con qu	*mit jdm. zusammenziehen*

Weitere Verben

convivere – rivivere – sopravvivere

convivere con qu	*mit jdm. zusammenleben*
far rivivere qc	*etw. wieder aufleben lassen*
sopravvivere a qc	*etw. überleben*

Besonderheiten

-v- wird -ss- (vi**ss**i, vi**ss**e, vi**ss**ero, vi**ss**uto)

Im Futur und Konditional Präsens ist der Verbstamm verkürzt (vgl. vivrò ↔ prend**e**rò, vivrei ↔ prend**e**rei).
Dieses Verb wird auch mit dem Hilfsverb essere konjugiert.

Tipp

Merken Sie sich auch folgende Ausdrücke, die sich aus vivere ableiten:

viveri	*Lebensmittel*
vivo / a	*lebendig*
musica dal vivo	*Livemusik*

Eigene Notizen:

2. Konjugation

volere *wollen*

Indicativo

Presente
voglio
vuoi
vuole
vogliamo
volete
vogliono

Passato prossimo
ho voluto
hai voluto
ha voluto
abbiamo voluto
avete voluto
hanno voluto

Imperfetto
volevo
volevi
voleva
volevamo
volevate
volevano

Trapassato prossimo
avevo voluto
avevi voluto
aveva voluto
avevamo voluto
avevate voluto
avevano voluto

Passato remoto
volli
volesti
volle
volemmo
voleste
vollero

Trapassato remoto
ebbi voluto
avesti voluto
ebbe voluto
avemmo voluto
aveste voluto
ebbero voluto

Futuro semplice
vorrò
vorrai
vorrà
vorremo
vorrete
vorranno

Futuro anteriore
avrò voluto
avrai voluto
avrà voluto
avremo voluto
avrete voluto
avranno voluto

Congiuntivo

Presente
voglia
voglia
voglia
vogliamo
vogliate
vogliano

Imperfetto
volessi
volessi
volesse
volessimo
voleste
volessero

Passato
abbia voluto
abbia voluto
abbia voluto
abbiamo voluto
abbiate voluto
abbiano voluto

Trapassato
avessi voluto
avessi voluto
avesse voluto
avessimo voluto
aveste voluto
avessero voluto

Condizionale

Presente
vorrei
vorresti
vorrebbe
vorremmo
vorreste
vorrebbero

Passato
avrei voluto
avresti voluto
avrebbe voluto
avremmo voluto
avreste voluto
avrebbero voluto

Imperativo

—
(tu) vogli
(Lei) voglia
(noi) vogliamo
(voi) vogliate
(loro) vogliano

Gerundio

Presente
volendo

Passato
avendo voluto

Infinito

Passato
avere voluto

Participio

Passato
voluto

volere wollen

Beispiele und Wendungen
Non voglio andare a casa.
Ich möchte nicht nach Hause gehen.

Ci vogliono tre ore per andare a Firenze.
Man braucht drei Stunden, um nach Florenz zu fahren.

voler bene a qu	*jdn. gern haben*
Cosa vuol dire?	*Was soll das heißen? / Was heißt das?*
vorrei	*ich würde / hätte gerne*

Weitere Verben
stravolere	
stravolere	*zu viel wollen*

Besonderheiten
Im Futur und Konditional Präsens ist der Verbstamm verkürzt (vgl. vo**rr**ò ↔ cerch**er**ò, vo**rr**ei ↔ cerch**er**ei) und erhält zudem -rr-.

Die zusammengesetzten Zeiten von volere werden in der Regel mit dem Hilfsverb avere gebildet. Folgt dem Verb allerdings noch ein Infinitiv, so verlangt volere dasselbe Hilfsverb wie der nachfolgende Infinitiv.
(Vgl. dovere, potere)

Ho voluto mangiare una pizza.	*Ich wollte eine Pizza essen.*
Sono voluti andare a piedi.	*Sie wollten zu Fuß gehen.*

Tipp
Volere gehört neben dovere, potere und sapere zu den Modalverben. Diese werden im Italienischen sehr häufig verwendet. Lernen Sie deren Bedeutung und Konjugation daher sehr sorgfältig.

Eigene Notizen:

Verben der 2. Konjugation, bei denen nur Formen des *Passato remoto* und / oder das *Participio* unregelmäßig sind.

Alle Verben, bei denen nichts Gegenteiliges angegeben wurde, bilden die zusammengesetzten Zeiten mit avere.

49

affiggere
anschlagen

Passato remoto		Participio
affissi	affiggemmo	affisso
affiggesti	affiggeste	
affisse	affissero	

Devo affigere questo manifesto in tutta la città.
Ich muss dieses Plakat in der ganzen Stadt aufhängen.

affiggere lo sguardo su qu   *den Blick auf jmd. heften*

50

ardere
brennen

Passato remoto		Participio
arsi	ardemmo	arso
ardesti	ardeste	
arse	arsero	

La legna arde nel camino.
Das Holz brennt im Kamin.

Steht nach ardere kein direktes Objekt, werden die zusammengesetzten Zeiten mit essere gebildet:
ardere d'amore / d'ira   *vor Liebe / Zorn brennen*
ardere di febbre   *vor Fieber glühen, hohes Fieber haben*

Steht dagegen nach ardere ein direktes Objekt, werden die zusammengesetzten Zeiten mit avere gebildet:
ardere qc / qu   *etw. / jdn. verbrennen*

51

assolvere
freisprechen

Passato remoto		Participio
assolsi	assolvemmo	assolto
assolvesti	assolveste	
assolse	assolsero	

L'imputato è stato assolto per mancanza di prove.
Der Angeklagte ist aus Mangel an Beweisen freigesprochen worden.

assolvere da una promessa   *von einem Versprechen befreien*
assolvere qu dai peccati   *jdm. die Absolution erteilen*

52

assumere
übernehmen

Passato remoto		Participio
assunsi	assumemmo	assunto
assumesti	assumeste	
assunse	assunsero	

Il direttore generale dell'azienda assume una nuova segretaria.
Der Geschäftsführer des Betriebs stellt eine neue Sekretärin ein.

assumere un farmaco *ein Medikament einnehmen*
assumersi la responsabilità *Verantwortung übernehmen*

53

assurgere
emporsteigen

Passato remoto		Participio
assursi	assurgemmo	assurto
assurgesti	assurgeste	
assurse	assursero	

Gesù assurge in cielo.
Jesus steigt in den Himmel auf.

Die zusammengesetzten Zeiten werden mit essere gebildet.

54

concedere
gewähren

Passato remoto		Participio
concessi / concedetti	concedemmo	concesso
concedesti	concedeste	
concesse / concedette	concessero / concedettero	

Il re concesse udienza al conte.
Der König gewährte dem Grafen Audienz.

concedersi qc   *sich etw. gönnen*
concedersi a qu   *sich jdm. hingeben*

55

conoscere
kennen

Passato remoto		Participio
conobbi	conoscemmo	conosciuto
conoscesti	conosceste	
conobbe	conobbero	

Non conosco bene la sorella di Stefano.
Ich kenne die Schwester von Stefano nicht gut.

conoscere qu di vista   *jdn. vom Sehen kennen*

56

contundere
prellen

Passato remoto		Participio
contusi	contundemmo	contuso
contundesti	contundeste	
contuse	contusero	

Cadendo il ragazzo si è contuso un piede.
Beim Hinfallen hat sich der Junge ein Bein geprellt.

57

correre
rennen

Passato remoto		Participio
corsi	corremmo	corso
corresti	correste	
corse	corsero	

Die zusammengesetzten Zeiten werden mit essere gebildet, wenn ein Ziel angegeben wird:
Sono corso alla stazione.
Ich bin zum Bahnhof gerannt.

Die zusammengesetzten Zeiten werden dagegen mit avere gebildet, wenn kein Ziel angegeben wird:
Oggi abbiamo corso più di due ore.
Heute sind wir über zwei Stunden gelaufen.

correre il rischio	*Gefahr laufen*
correre tra qc	*zwischen etw. liegen* (z. B. Zeit)
correre il Giro d'Italia	*den Giro d'Italia fahren*

58

crescere
wachsen

Passato remoto		Participio
crebbi	crescemmo	cresciuto
crescesti	cresceste	
crebbe	crebbero	

Steht nach crescere kein direktes Objekt, werden die zusammengesetzten Zeiten mit essere gebildet:
Michele è cresciuto in un paese vicino a Milano.
Michele ist in einem Dorf in der Nähe von Mailand aufgewachsen.

Steht dagegen nach crescere ein direktes Objekt, werden die zusammengesetzten Zeiten mit avere gebildet:
Lucio e Roberta hanno cresciuto tre figli.
Lucio und Roberta haben drei Kinder großgezogen.

farsi crescere i capelli	*sich die Haare wachsen lassen*
crescere a qu	*jdm. übrig bleiben*

59
discutere
diskutieren

Passato remoto

discussi	discutemmo
discutesti	discuteste
discusse	discussero

Participio

discusso

Mi piace discutere di politica.
Ich diskutiere gerne über Politik.

discutere un problema   *ein Problem erörtern*

60
dissuadere
abraten

Passato remoto

dissuasi	dissuademmo
dissuadesti	dissuadeste
dissuase	dissuasero

Participio

dissuaso

Paola ha dissuaso la figlia dal viaggiare da sola.
Paola hat ihrer Tochter davon abgeraten, alleine zu reisen.

dissuadere qu (da qc)   *jdn. von etw. abbringen*

61
distinguere
unterscheiden

Passato remoto

distinsi	distinguemmo
distinguesti	distingueste
distinse	distinsero

Participio

distinto

Non riesco a distinguere Maurizio da suo fratello.
Ich kann Maurizio nicht von seinem Bruder unterscheiden.

62
emergere
hervorragen

Passato remoto

emersi	emergemmo
emergesti	emergeste
emerse	emersero

Participio

emerso

Gli scogli emergono dall'acqua.
Die Felsen ragen aus dem Wasser hervor.

Die zusammengesetzten Zeiten werden mit essere gebildet.

63
ergere
erheben

Passato remoto

ersi	ergemmo
ergesti	ergeste
erse	ersero

Participio

erto

La torre si erge tra due edifici.
Der Turm ragt zwischen zwei Gebäuden hervor.

64 **erigere** errichten	**Passato remoto**		**Participio**
	eressi	erigemmo	eretto
	erigesti	erigeste	
	eresse	eressero	
	Il monumento è stato eretto in onore di un poeta. *Das Denkmal ist zu Ehren eines Dichters errichtet worden.*		

65 **espandere** ausdehnen	**Passato remoto**		**Participio**
	espansi	espandemmo	espanso
	espandesti	espandeste	
	espanse	espansero	
	La spiaggia si espande lungo la costa. *Der Strand erstreckt sich entlang der Küste.*		

66 **espellere** ausweisen	**Passato remoto**		**Participio**
	espulsi	espellemmo	espulso
	espellesti	espelleste	
	espulse	espulsero	
	Il giocatore è stato espulso dal campo. *Der Spieler wurde des Feldes verwiesen.*		
	espellere qu	jdn. ausschließen	

67 **esprimere** ausdrücken	**Passato remoto**		**Participio**
	espressi	esprimemmo	espresso
	esprimesti	esprimeste	
	espresse	espressero	
	Non riesco ad esprimere i miei sentimenti. *Ich kann meine Gefühle nicht ausdrücken.*		

68 **figgere** hineintreiben	**Passato remoto**		**Participio**
	fissi	figgemmo	fitto
	figgesti	figgeste	
	fisse	fissero	
	Mi figgo un'idea in testa. *Ich setze mir eine Idee in den Kopf.*		
	figgere lo sguardo	den Blick fest auf etw./jdn. richten	

69 fingere vortäuschen	**Passato remoto**		**Participio**
	finsi	fingemmo	finto
	fingesti	fingeste	
	finse	finsero	

Gli allievi fingono di studiare.
Die Schüler tun so, als ob sie lernen würden.

fingere di fare qc	so tun, als ob man etw. täte
fingersi pazzo	sich verrückt stellen
fingere di non sentire	sich taub stellen, so tun als ob man nichts hört

70 fondere schmelzen	**Passato remoto**		**Participio**
	fusi	fondemmo	fuso
	fondesti	fondeste	
	fuse	fusero	

Il saldatore fonde il metallo.
Der Schweißer schmilzt das Metall.

fondere qc con qc	etw. mit etw. verschmelzen / vereinigen

71 frangere brechen	**Passato remoto**		**Participio**
	fransi	frangemmo	franto
	frangesti	frangeste	
	franse	fransero	

Dieci fratto due fa cinque.
Zehn geteilt durch zwei macht fünf.

frangere le olive	Oliven auspressen

72 fungere fungieren	**Passato remoto**		**Participio**
	funsi	fungemmo	funto
	fungesti	fungeste	
	funse	funsero	

Questo tavolo funge da scrivania.
Dieser Tisch dient als Schreibtisch.

fungere da ministro	das Amt eines Ministers ausüben

73 giungere — ankommen

Passato remoto		Participio
giunsi	giungemmo	giunto
giungesti	giungeste	
giunse	giunsero	

I soldati giunsero al castello all'alba.
Die Soldaten kamen bei Tagesanbruch am Schloss an.

giungere le mani — *die Hände falten*

Die zusammengesetzten Zeiten werden mit essere gebildet.

Giungere ist ein eher literarisches Verb, im alltäglichen Italienisch würde man eher arrivare bzw. raggiungere verwenden.

74 indulgere — nachgeben

Passato remoto		Participio
indulsi	indulgemmo	indulto
indulgesti	indulgeste	
indulse	indulsero	

Carla non indulge ai capricci dei suoi bambini.
Carla gibt den Launen ihrer Kinder nicht nach.

indulgere a qc — *etw. nachgeben*

75 invadere — überfallen

Passato remoto		Participio
invasi	invademmo	invaso
invadesti	invadeste	
invase	invasero	

Tra 58 e 50 a.C. Giulio Cesare invase la Gallia.
Cäsar überfiel zwischen 58 und 50 v.Chr. Gallien.

invadere un paese — *ein Land besetzen/überfallen*
invadere la campagna — *das Land überschwemmen/überfluten*

76 leggere — lesen

Passato remoto		Participio
lessi	leggemmo	letto
leggesti	leggeste	
lesse	lessero	

Mi piace leggere prima di dormire.
Ich lese gerne vor dem Schlafengehen.

leggere un libro/il giornale *ein Buch/die Zeitung lesen*

77	**Passato remoto**		**Participio**
mettere setzen, legen, stellen	misi mettesti mise	mettemmo metteste misero	messo

Dove hai messo il telefono, Alessandro?
Wo hast du das Telefon hingelegt, Alessandro?

mettere qc su / dentro qc	etw. auf / in etw. setzen / stellen / legen
mettere addosso qc	etw. anziehen
mettere giù qc	etw. hinlegen / abstellen
mettersi a fare qc	beginnen, etw. zu tun

78	**Passato remoto**		**Participio**
mordere beißen	morsi mordesti morse	mordemmo mordeste morsero	morso

Il cane ha morso la gamba del ragazzo.
Der Hund hat dem Jungen ins Bein gebissen.

mordersi la lingua	sich auf die Zunge beißen
mordersi le mani *(fig.)*	sich die Haare raufen

79	**Passato remoto**		**Participio**
nascere geboren werden	nacqui nascesti nacque	nascemmo nasceste nacquero	nato

Ilaria è nata a Lucca il 9 aprile 1950.
Ilaria ist am 9. April 1950 in Lucca geboren.

Giacomo Leopardi nacque il 29 giugno 1798.
Giacomo Leopardi wurde am 29. Juni 1798 geboren.

essere nato per qc	für etw. geboren sein
nascere bene	in einer wohlhabenden Familie geboren sein
Non sono nato ieri!	Ich bin nicht von gestern!

Die zusammengesetzten Zeiten werden mit essere gebildet.

80 perdere
verlieren

Passato remoto		Participio
persi / perdei / -etti	perdemmo	perso / perduto
perdesti	perdeste	
perse / perdé / -ette	persero / perderono / perdettero	

Ho perso la chiave mentre facevo una passeggiata.
Ich habe den Schlüssel verloren, während ich einen Spaziergang machte.

perdere la pazienza	*die Geduld verlieren*
Lascia perdere!	*Lass gut sein!*
perdersi	*verloren gehen*
perdersi dietro a qu	*wegen jdn. den Kopf verlieren*

Die unregelmäßigen Formen persi, perse, persero, perso etc. sind geläufiger.

81 piangere
weinen

Passato remoto		Participio
piansi	piangemmo	pianto
piangesti	piangeste	
pianse	piansero	

Sto piangendo dalla gioia di aver passato l'esame.
Ich weine aus Freude, die Prüfung bestanden zu haben.

far piangere qu	*jdm. zum Weinen bringen*
piangere qc	*etw. beweinen*
piangere dalla felicità / gioia	*vor Freude weinen*

82 piovere
regnen

Passato remoto		Participio
—	—	piovuto
—	—	
piovve	piovvero	

Sta piovendo tutto il giorno.
Es regnet den ganzen Tag.

Piove a catinelle / dirotto.	*Es gießt in Strömen. / Es schüttet wie aus Eimern.*

Die zusammengesetzten Zeiten von piovere können sowohl mit essere als auch mit avere gebildet werden:
È / Ha piovuto. *Es hat geregnet.*

83 prendere
nehmen

Passato remoto

presi	prendemmo
prendesti	prendeste
prese	presero

Participio

preso

Perché non prendi la macchina per fare la spesa?
Warum nimmst du nicht das Auto, um einkaufen zu gehen?

prendere il raffreddore	sich erkälten
passar a prendere qu	jdn. abholen
prendere paura	sich erschrecken
prendere un caffè con qu	mit jdm. Kaffee trinken
prendere alla lettera	wörtlich nehmen
prendere di mira qu	es auf jdn. abgesehen haben
Prendere o lasciare!	Entweder oder! / Ja oder nein!
Mi prendi in giro?	Nimmst du mich auf den Arm?
Non te la prendere!	Reg dich nicht auf! Ärgere dich nicht!

84 redigere
verfassen

Passato remoto

redassi	redigemmo
redigesti	redigeste
redasse	redassero

Participio

redatto

Il giornalista redige il testo del suo articolo.
Der Journalist verfasst den Text seines Artikels.

85 redimere
erlösen

Passato remoto

redensi	redimemmo
redimesti	redimeste
redense	redensero

Participio

redento

Cristo ha redento l'umanità.
Christus hat die Menschheit erlöst

86 resistere
aushalten

Passato remoto

resistei / -etti	resistemmo
resistesti	resisteste
resisté / -ette	resisterono / -ettero

Participio

resistito

Questa pianta non resiste al freddo.
Diese Pflanze verträgt keine Kälte.

resistere a qc / qu	etw. / jdm. widerstehen

87

ridere
lachen

Passato remoto		Participio
risi	ridemmo	riso
ridesti	rideste	
rise	risero	

Leonardo è un tipo che fa ridere.
Leonardo ist jemand, der einen zum Lachen bringt.

Ma non farmi ridere! — *Dass ich nicht lache!*
Non c'è niente da ridere! — *Da gibt es nichts zu lachen!*

88

riflettere
widerspiegeln,
nachdenken

Passato remoto		Participio
riflessi / riflettei	riflettemmo	riflesso / riflettuto
riflettesti	rifletteste	
riflesse / rifletté	riflessero / rifletterono	

Non mi disturbare! Devo riflettere.
Stör mich nicht! Ich muss nachdenken.

C'è poco da riflettere!
Da gibt es nicht viel zu überlegen!

Die unregelmäßigen Formen riflessi, riflesso etc. sind geläufiger.

89

rispondere
antworten

Passato remoto		Participio
risposi	rispondemmo	risposto
rispondesti	rispondeste	
rispose	risposero	

Non vuoi rispondere alla mia domanda?
Willst du meine Frage nicht beantworten?

rispondere al telefono — *ans Telefon rangehen*
rispondere male a qu — *jdm. eine freche / unverschämte Antwort geben*

90

rodere
nagen

Passato remoto		Participio
rosi	rodemmo	roso
rodesti	rodeste	
rose	rosero	

I topi di Amalia amano rodere il legno.
Die Mäuse von Amalia nagen gerne an Holz.

91

rompere
brechen

Passato remoto		Participio
ruppi	rompemmo	rotto
rompesti	rompeste	
ruppe	ruppero	

Raimondo si è rotto una gamba.
Raimondo hat sich ein Bein gebrochen.

rompere qc	*etw. kaputt machen*
rompersi	*kaputt gehen*
Quanto rompi!	*Du nervst vielleicht!*

92

scindere
spalten

Passato remoto		Participio
scissi	scindemmo	scisso
scindesti	scindeste	
scisse	scissero	

Il partito si scinde in due gruppi.
Die Partei spaltet sich in zwei Gruppen.

93

scrivere
schreiben

Passato remoto		Participio
scrissi	scrivemmo	scritto
scrivesti	scriveste	
scrisse	scrissero	

La figlia di Isabella sa già leggere e scrivere.
Die Tochter von Isabella kann schon lesen und schreiben.

scrivere qc	*etw. schreiben*
scrivere di / su qc	*über etw. schreiben*
scrivere a qu	*jdm. schreiben*
scrivere appunti	*sich Notizen machen*

94

sorgere
aufgehen,
sich erheben

Passato remoto		Participio
sorsi	sorgemmo	sorto
sorgesti	sorgeste	
sorse	sorsero	

Oggi il sole è sorto alle 7.15 e tramonta alle 16.55.
Die Sonne ist heute um 7.15 Uhr aufgegangen und geht um 16.55 Uhr unter.

Die zusammengesetzten Zeiten werden mit essere gebildet.

95

spargere
ausstreuen

Passato remoto		Participio
sparsi	spargemmo	sparso
spargesti	spargeste	
sparse	sparsero	

La notizia si è sparsa in tutto il quartiere.
Die Nachricht hat sich im ganzen Viertel verbreitet.

96

stringere
drücken

Passato remoto		Participio
strinsi	stringemmo	stretto
stringesti	stringeste	
strinse	strinsero	

Marta stringe i suoi figli fra le braccia.
Marta schließt ihre Kinder in die Arme.

stringere la mano	*die Hand schütteln*
stringere la cinghia	*den Gürtel enger schnallen*
stringersi	*enger werden*

97

struggere
(dahin)schmelzen

Passato remoto		Participio
strussi	struggemmo	strutto
struggesti	struggeste	
strusse	strussero	

Marcello si strugge per una spagnola.
Marcello schmachtet nach einer Spanierin.

98

torcere
drehen

Passato remoto		Participio
torsi	torcemmo	torto
torcesti	torceste	
torse	torsero	

Se lo vedo gli torco il collo.
Wenn ich ihn sehe, drehe ich ihm den Hals rum.

99

vincere
gewinnen

Passato remoto		Participio
vinsi	vincemmo	vinto
vincesti	vinceste	
vinse	vinsero	

Lorenzo ha vinto il concorso.
Lorenzo hat den Wettbewerb gewonnen.

vincere qu	*jdn. besiegen*
vincere per uno a zero	*eins zu null gewinnen*

volgere	**Passato remoto**		**Participio**
wenden	volsi	volgemmo	volto
	volgesti	volgeste	
	volse	volsero	

Mi volse le spalle e se ne andò.
Er kehrte mir den Rücken zu und ging weg.

volgere adestra	*nach rechts abbiegen*
volgere al termine	*dem Ende zugehen*
volgere le cose in burla	*die Dinge ins Lächerliche ziehen*
volgersi contro qu / qc	*sich gegen jdn. / etw. richten*

Tipp:

Bei den Verben mit unregelmäßigem Partizip sollten Sie diese zusammen mit dem Infinitiv lernen. Zu dieser Gruppe gehören auch einige sehr häufige Verben, lernen Sie also immer: mettere – messo (setzen, stellen legen), rompere – rotto (brechen) etc.

Sie können sich diese Formen auch auf kleine Karteikärtchen schreiben und diese so lernen, z. B. den Infinitiv und seine Übersetzung auf die Vorderseite und das Partizip auf die Rückseite.

Eigene Notizen:

3. Konjugation

sentire *hören, fühlen*

Regelmäßiges Verb

Indicativo

Presente
sento
senti
sente
sentiamo
sentite
sentono

Passato prossimo
ho sentito
hai sentito
ha sentito
abbiamo sentito
avete sentito
hanno sentito

Imperfetto
sentivo
sentivi
sentiva
sentivamo
sentivate
sentivano

Trapassato prossimo
avevo sentito
avevi sentito
aveva sentito
avevamo sentito
avevate sentito
avevano sentito

Passato remoto
sentii
sentisti
sentì
sentimmo
sentiste
sentirono

Trapassato remoto
ebbi sentito
avesti sentito
ebbe sentito
avemmo sentito
aveste sentito
ebbero sentito

Futuro semplice
sentirò
sentirai
sentirà
sentiremo
sentirete
sentiranno

Futuro anteriore
avrò sentito
avrai sentito
avrà sentito
avremo sentito
avrete sentito
avranno sentito

Congiuntivo

Presente
senta
senta
senta
sentiamo
sentiate
sentano

Imperfetto
sentissi
sentissi
sentisse
sentissimo
sentiste
sentissero

Passato
abbia sentito
abbia sentito
abbia sentito
abbiamo sentito
abbiate sentito
abbiano sentito

Trapassato
avessi sentito
avessi sentito
avesse sentito
avessimo sentito
aveste sentito
avessero sentito

Condizionale

Presente
sentirei
sentiresti
sentirebbe
sentiremmo
sentireste
sentirebbero

Passato
avrei sentito
avresti sentito
avrebbe sentito
avremmo sentito
avreste sentito
avrebbero sentito

Imperativo

—
(tu) senti
(Lei) senta
(noi) sentiamo
(voi) sentite
(loro) sentano

Gerundio

Presente
sentendo

Passato
avendo sentito

Infinito

Passato
avere sentito

Participio

Passato
sentito

sentire *hören, fühlen*

Beispiele und Wendungen

Mi sentite là in fondo o devo parlare più forte?
Hört ihr mich dort hinten oder soll ich lauter sprechen?

sentire qu / qc	*jdn. / etw. hören / fühlen / riechen / schmecken*
sentirsi bene / male	*sich gut / schlecht fühlen*
Ci sentiamo!	*Wir hören voneinander!*
Senti un po'!	*Hör mal!*

Weitere Verben

acconsentire – convertire – dormire – partire – vestire

acconsentire a qc	*etw. zustimmen*
convertire qu	*jdn. bekehren*
dormire bene / male	*gut / schlecht schlafen*
partire per Amburgo	*nach Hamburg abreisen*

Besonderheiten

Die regelmäßigen Endungen des Verbs sind in der Konjugationstabelle fett hervorgehoben.

Einige der Verben dieser Gruppe können auch nach dem Schema von capire konjugiert werden. Dazu zählen aborrire, applaudire, assorbire, dipartire, eseguire, inghiottire, languire, mentire, nutrire, ripartire, sbollire.

Einige Verben dieser Gruppe bilden das Partizip auf -ente und / oder -iente, z. B. dormire – dormente / dormiente, fuggire – fuggente / fuggito.

Tipp

Merken Sie sich den Unterschied zwischen sentire im Sinne von *hören / wahrnehmen* und ascoltare *zuhören*:

Valerio non mi sente.	*Valerio hört mich nicht.*
Valerio non mi ascolta.	*Valerio hört mir nicht zu.*

Eigene Notizen:

apparire *erscheinen*

Indicativo

Presente
appaio / apparisco	
appari / apparisci	
appare / apparisce	
appariamo	
apparite	
appaiono / appariscono	

Passato prossimo
sono	apparso
sei	apparso
è	apparso
siamo	apparsi
siete	apparsi
sono	apparsi

Imperfetto
- apparivo
- apparivi
- appariva
- apparivamo
- apparivate
- apparivano

Trapassato prossimo
ero	apparso
eri	apparso
era	apparso
eravamo	apparsi
eravate	apparsi
erano	apparsi

Passato remoto
- apparii / -arsi / -arvi
- apparisti
- apparì / -arse / -arve
- apparimmo
- appariste
- apparirono / -arsero / -arvero

Trapassato remoto
fui	apparso
fosti	apparso
fu	apparso
fummo	apparsi
foste	apparsi
furono	apparsi

Futuro semplice
- apparirò
- apparirai
- apparirà
- appariremo
- apparirete
- appariranno

Futuro anteriore
sarò	apparso
sarai	apparso
sarà	apparso
saremo	apparsi
sarete	apparsi
saranno	apparsi

Congiuntivo

Presente
- appaia / apparisca
- appaia / apparisca
- appaia / apparisca
- appariamo
- appariate
- appaiano / appariscano

Imperfetto
- apparissi
- apparissi
- apparisse
- apparissimo
- appariste
- apparissero

Passato
sia	apparso
sia	apparso
sia	apparso
siamo	apparsi
siate	apparsi
siano	apparsi

Trapassato
fossi	apparso
fossi	apparso
fosse	apparso
fossimo	apparsi
foste	apparsi
fossero	apparsi

Condizionale

Presente
- apparirei
- appariresti
- apparirebbe
- appariremmo
- apparireste
- apparirebbero

Passato
sarei	apparso
saresti	apparso
sarebbe	apparso
saremmo	apparsi
sareste	apparsi
sarebbero	apparsi

Imperativo

—	
(tu)	appari / apparisci
(Lei)	appaia / apparisca
(noi)	appariamo
(voi)	apparite
(loro)	appaiano / appariscano

Gerundio

Presente
apparendo

Passato
essendo apparso

Infinito

Passato
essere apparso

Participio

Passato
apparso

apparire *erscheinen*

Beispiele und Wendungen

Il comportamento di Fabio mi appare inadeguato.
Fabios Verhalten erscheint mir unangebracht.

In sogno gli è apparso un buon amico.
Im Traum ist ihm ein guter Freund erschienen.

apparire a qu	*jdm. erscheinen*
apparire strano / triste etc.	*seltsam / traurig etc. erscheinen*

Weitere Verben

comparire – scomparire

comparire a qu	*jdm. erscheinen*
scomparire	*verschwinden*

Besonderheiten

Die Verben dieser Gruppe können auch nach dem Schema von capire konjugiert werden (z. B. appare – apparisce), wobei die Formen ohne Stammerweiterung (z. B. appare) geläufiger sind. Beachten Sie bitte auch die 1. und 3. Person Singular und 3. Person Plural im Passato remoto, bei denen drei verschiedene Formen möglich sind (z. B. apparii – apparsi – apparvi). Die Endungen mit -v- (z. B. appar**v**e) sind hier etwas verbreiteter als die beiden anderen Varianten.

Tipp

Merken Sie sich auch die aus apparire abgeleiteten Wörter: z. B.

l'apparenza	*der (An)schein*
l'apparizione	*das Erscheinen, die Erscheinung*

Eigene Notizen:

aprire *öffnen*

Regelmäßiges Verb

Indicativo

Presente
- apro
- apri
- apre
- apriamo
- aprite
- aprono

Imperfetto
- aprivo
- aprivi
- apriva
- aprivamo
- aprivate
- aprivano

Passato remoto
- aprii / apersi
- apristi
- aprì / aperse
- aprimmo
- apriste
- aprirono / apersero

Futuro semplice
- aprirò
- aprirai
- aprirà
- apriremo
- aprirete
- apriranno

Passato prossimo
- ho aperto
- hai aperto
- ha aperto
- abbiamo aperto
- avete aperto
- hanno aperto

Trapassato prossimo
- avevo aperto
- avevi aperto
- aveva aperto
- avevamo aperto
- avevate aperto
- avevano aperto

Trapassato remoto
- ebbi aperto
- avesti aperto
- ebbe aperto
- avemmo aperto
- aveste aperto
- ebbero aperto

Futuro anteriore
- avrò aperto
- avrai aperto
- avrà aperto
- avremo aperto
- avrete aperto
- avranno aperto

Congiuntivo

Presente
- apra
- apra
- apra
- apriamo
- apriate
- aprano

Imperfetto
- aprissi
- aprissi
- aprisse
- aprissimo
- apriste
- aprissero

Passato
- abbia aperto
- abbia aperto
- abbia aperto
- abbiamo aperto
- abbiate aperto
- abbiano aperto

Trapassato
- avessi aperto
- avessi aperto
- avesse aperto
- avessimo aperto
- aveste aperto
- avessero aperto

Condizionale

Presente
- aprirei
- apriresti
- aprirebbe
- apriremmo
- aprireste
- aprirebbero

Passato
- avrei aperto
- avresti aperto
- avrebbe aperto
- avremmo aperto
- avreste aperto
- avrebbero aperto

Imperativo

- —
- (tu) apri
- (Lei) apra
- (noi) apriamo
- (voi) aprite
- (loro) aprano

Gerundio

Presente
- aprendo

Passato
- avendo aperto

Infinito

Passato
- avere aperto

Participio

Passato
- aperto

aprire *öffnen*

Beispiele und Wendungen

Potresti aprire la finestra, per cortesia?
Würdest du bitte das Fenster öffnen?

Il supermercato è aperto dalle 9.00 alle 20.30.
Der Supermarkt ist von 9.00 Uhr bis 20.30 Uhr geöffnet.

aprire il libro / giornale	*das Buch / die Zeitung aufschlagen*
aprire l'acqua	*das Wasser aufdrehen*
aprire un negozio	*ein Geschäft eröffnen*

Weitere Verben

coprire – riaprire – scoprire

coprire qc	*etw. bedecken / zudecken*
riaprire un negozio	*ein Geschäft wiedereröffnen*
scoprire qc	*etw. entdecken*

Besonderheiten

Im Passato remoto sind in der 1. und 3. Person Singular und 3. Person Plural folgende Doppelformen möglich: aprii / apersi – aprì / aperse – aprirono / apersero. Die regelmäßigen Formen aprii – aprì – aprirono sind jedoch geläufiger.

Tipp

Merken Sie sich die Partizipien aperto *geöffnet* und chiuso *geschlossen* gut. In Italien kommt es oft vor, dass Banken und Geschäfte um die Mittagszeit geschlossen sind und erst spät am Nachmittag wieder öffnen.

Eigene Notizen:

3. Konjugation

capire *verstehen*

Regelmäßiges Verb mit Stammerweiterung -isc-

Indicativo

Presente

capisco
capisci
capisce
capiamo
capite
capiscono

Passato prossimo

ho capito
hai capito
ha capito
abbiamo capito
avete capito
hanno capito

Imperfetto

capivo
capivi
capiva
capivamo
capivate
capivano

Trapassato prossimo

avevo capito
avevi capito
aveva capito
avevamo capito
avevate capito
avevano capito

Passato remoto

capii
capisti
capì
capimmo
capiste
capirono

Trapassato remoto

ebbi capito
avesti capito
ebbe capito
avemmo capito
aveste capito
ebbero capito

Futuro semplice

capirò
capirai
capirà
capiremo
capirete
capiranno

Futuro anteriore

avrò capito
avrai capito
avrà capito
avremo capito
avrete capito
avranno capito

Congiuntivo

Presente

capisca
capisca
capisca
capiamo
capiate
capiscano

Imperfetto

capissi
capissi
capisse
capissimo
capiste
capissero

Passato

abbia capito
abbia capito
abbia capito
abbiamo capito
abbiate capito
abbiano capito

Trapassato

avessi capito
avessi capito
avesse capito
avessimo capito
aveste capito
avessero capito

Condizionale

Presente

capirei
capiresti
capirebbe
capiremmo
capireste
capirebbero

Passato

avrei capito
avresti capito
avrebbe capito
avremmo capito
avreste capito
avrebbero capito

Imperativo

—
(tu) capisci
(Lei) capisca
(noi) capiamo
(voi) capite
(loro) capiscano

Gerundio

Presente

capendo

Passato

avendo capito

Infinito

Passato

avere capito

Participio

Passato

capito

capire verstehen

Beispiele und Wendungen

Stefano non ha capito una parola.
Stefano hat überhaupt nichts verstanden.

capire qc / qu	*etw. / jdn. verstehen*
capirsi	*sich verstehen*
farsi capire	*sich verständlich machen*
Si capisce!	*Das versteht sich von selbst!*

Weitere Verben

agire – chiarire – definire – dimagrire – distribuire – ferire – finire – garantire – impazzire – partorire – preferire – pulire – reagire – sostituire – spedire – tradire

chiarire qc	*etw. klären*
dimagrire di ... chili	*... Kilo abnehmen*
finire di fare qc	*aufhören, etw. zu tun*
spedire qc per fax	*etw. per Fax verschicken*

Besonderheiten

Zu dieser Gruppe gehören die Verben mit Stammerweiterung. Das bedeutet, dass im Präsens die Endungen an den Stamm mit -isc angehängt werden: z. B. capisco (cap + isc – o). Die 1. und 2. Person Plural werden allerdings ohne Stammerweiterung gebildet (capiamo, capite). Einige Verben dieser Gruppe bilden das Partizip auf -ente und / oder -iente, zum Beispiel: preferire – preferente / preferito.

Tipp

Es gibt eine Vielzahl an Verben mit Stammerweiterung. Merken Sie sich daher den Infinitiv immer mit der 1. Person Singular: z. B. finire – finisco etc.

Eigene Notizen:

3. Konjugation

cucire *nähen*

Regelmäßiges Verb, aber -c- wird -ci- vor -a und -o

Indicativo

Presente
- cucio
- cuci
- cuce
- cuciamo
- cucite
- cuciono

Passato prossimo
- ho cucito
- hai cucito
- ha cucito
- abbiamo cucito
- avete cucito
- hanno cucito

Imperfetto
- cucivo
- cucivi
- cuciva
- cucivamo
- cucivate
- cucivano

Trapassato prossimo
- avevo cucito
- avevi cucito
- aveva cucito
- avevamo cucito
- avevate cucito
- avevano cucito

Passato remoto
- cucii
- cucisti
- cucì
- cucimmo
- cuciste
- cucirono

Trapassato remoto
- ebbi cucito
- avesti cucito
- ebbe cucito
- avemmo cucito
- aveste cucito
- ebbero cucito

Futuro semplice
- cucirò
- cucirai
- cucirà
- cuciremo
- cucirete
- cuciranno

Futuro anteriore
- avrò cucito
- avrai cucito
- avrà cucito
- avremo cucito
- avrete cucito
- avranno cucito

Congiuntivo

Presente
- cucia
- cucia
- cucia
- cuciamo
- cuciate
- cuciano

Imperfetto
- cucissi
- cucissi
- cucisse
- cucissimo
- cuciste
- cucissero

Passato
- abbia cucito
- abbia cucito
- abbia cucito
- abbiamo cucito
- abbiate cucito
- abbiano cucito

Trapassato
- avessi cucito
- avessi cucito
- avesse cucito
- avessimo cucito
- aveste cucito
- avessero cucito

Condizionale

Presente
- cucirei
- cuciresti
- cucirebbe
- cuciremmo
- cucireste
- cucirebbero

Passato
- avrei cucito
- avresti cucito
- avrebbe cucito
- avremmo cucito
- avreste cucito
- avrebbero cucito

Imperativo

- —
- (tu) cuci
- (Lei) cucia
- (noi) cuciamo
- (voi) cucite
- (loro) cuciano

Gerundio

Presente
- cucendo

Passato
- avendo cucito

Infinito

Passato
- avere cucito

Participio

Passato
- cucito

cucire *nähen*

Beispiele und Wendungen
Mia zia ha imparato a cucire a scuola.
Meine Tante hat in der Schule nähen gelernt.

Questa camicia è stata cucita a mano.
Dieses Hemd wurde von Hand genäht.

cucire a mano	*mit der Hand nähen*
cucire a macchina	*mit der Maschine nähen*
saper cucire	*nähen können*
macchina da cucire	*Nähmaschine*

Weitere Verben
ricucire – scucire

ricucire qc	*etw. (zu-/zusammen-)nähen*
scucire qc	*etw. auftrennen*

Besonderheiten
Die Verben dieser Gruppe werden regelmäßig gebildet. Beachten Sie jedoch folgende Besonderheit:
-c- wird -ci- vor -a und -o (z. B. cu**ci**o, cu**ci**a)

Tipp
Merken Sie sich neben cucire noch weitere Handarbeiten:

lavorare a maglia	*stricken*
lavorare all'uncinetto	*häkeln*

Eigene Notizen:

inorgoglire *stolz machen*

Verb mit Stammerweiterung -isc- / Gerundio auf -**ie**ndo

Indicativo		Congiuntivo	Condizionale
Presente	**Passato prossimo**	**Presente**	**Presente**
inorgoglisco	ho inorgoglito	inorgoglisca	inorgoglirei
inorgoglisci	hai inorgoglito	inorgoglisca	inorgogliresti
inorgoglisce	ha inorgoglito	inorgoglisca	inorgoglirebbe
inorgogliamo	abbiamo inorgoglito	inorgogliamo	inorgogliremmo
inorgoglite	avete inorgoglito	inorgogliate	inorgoglireste
inorgogliscono	hanno inorgoglito	inorgogliscano	inorgoglirebbero
Imperfetto	**Trapassato prossimo**	**Imperfetto**	**Passato**
inorgoglivo	avevo inorgoglito	inorgoglissi	avrei inorgoglito
inorgoglivi	avevi inorgoglito	inorgoglissi	avresti inorgoglito
inorgogliva	aveva inorgoglito	inorgoglisse	avrebbe inorgoglito
inorgoglivamo	avevamo inorgoglito	inorgoglissimo	avremmo inorgoglito
inorgoglivate	avevate inorgoglito	inorgogliste	avreste inorgoglito
inorgoglivano	avevano inorgoglito	inorgoglissero	avrebbero inorgoglito
Passato remoto	**Trapassato remoto**	**Passato**	Imperativo
inorgoglii	ebbi inorgoglito	abbia inorgoglito	
inorgoglisti	avesti inorgoglito	abbia inorgoglito	
inorgoglì	ebbe inorgoglito	abbia inorgoglito	—
inorgoglimmo	avemmo inorgoglito	abbiamo inorgoglito	(tu) inorgoglisci
inorgogliste	aveste inorgoglito	abbiate inorgoglito	(Lei) inorgoglisca
inorgoglirono	ebbero inorgoglito	abbiano inorgoglito	(noi) inorgogliamo
			(voi) inorgoglite
			(loro) inorgogliscano
Futuro semplice	**Futuro anteriore**	**Trapassato**	
inorgoglirò	avrò inorgoglito	avessi inorgoglito	
inorgoglirai	avrai inorgoglito	avessi inorgoglito	
inorgoglirà	avrà inorgoglito	avesse inorgoglito	
inorgogliremo	avremo inorgoglito	avessimo inorgoglito	
inorgoglirete	avrete inorgoglito	aveste inorgoglito	
inorgogliranno	avranno inorgoglito	avessero inorgoglito	

Gerundio		Infinito	Participio
Presente	**Passato**	**Passato**	**Passato**
inorgogliendo	avendo inorgoglito	avere inorgoglito	inorgoglito

inorgoglire *stolz machen*

Beispiele und Wendungen

Mi inorgoglisco della laurea di mia figlia.
Ich bin stolz auf den Hochschulabschluss meiner Tochter.

Il successo di Simona inorgoglisce Andrea.
Simonas Erfolg macht Andrea stolz.

inorgoglire qu	*jdn. stolz machen*
inorgoglirsi di qc	*auf etw. stolz sein*

Besonderheiten

Inorgoglire gehört zu der Gruppe der Verben mit Stammerweiterung*. Das bedeutet, dass im Präsens die Endungen an den Stamm mit -isc angehängt werden: (inorgogl + isc – o). Die 1. und 2. Person Plural werden allerdings ohne Stammerweiterung gebildet (inorgogliamo, inorgoglite).
* Vgl. capire

Beachten Sie bitte die besondere Form des Gerundiums: inorgogliendo.
Dieses Verb wird auch mit dem Hilfsverb essere konjugiert.

Tipp

Die Wendung inorgoglirsi di qc (*auf etw. stolz sein*) kann auch mit dem Adjektiv orgoglioso / a wiedergegeben werden:
Alessandra è orgogliosa del successo di suo figlio.
Alessandra ist auf den Erfolg ihres Sohnes stolz.

Die Bildung von Verben mit der Vorsilbe in- ist im Italienischen sehr verbreitet.
Die Bedeutung ist oftmals *jdn. zu etw. bringen*: z. B.

incoraggiare qu	*jdn. ermutigen*
incuriosire qu	*jdn. neugierig machen*

Eigene Notizen:

3. Konjugation

morire *sterben*

Indicativo

Presente
- muoio
- muori
- muore
- moriamo
- morite
- muoiono

Passato prossimo
- sono morto
- sei morto
- è morto
- siamo morti
- siete morti
- sono morti

Imperfetto
- morivo
- morivi
- moriva
- morivamo
- morivate
- morivano

Trapassato prossimo
- ero morto
- eri morto
- era morto
- eravamo morti
- eravate morti
- erano morti

Passato remoto
- morii
- moristi
- morì
- morimmo
- moriste
- morirono

Trapassato remoto
- fui morto
- fosti morto
- fu morto
- fummo morti
- foste morti
- furono morti

Futuro semplice
- mor(i)rò
- mor(i)rai
- mor(i)rà
- mor(i)remo
- mor(i)rete
- mor(i)ranno

Futuro anteriore
- sarò morto
- sarai morto
- sarà morto
- saremo morti
- sarete morti
- saranno morti

Congiuntivo

Presente
- muoia
- muoia
- muoia
- moriamo
- moriate
- muoiano

Imperfetto
- morissi
- morissi
- morisse
- morissimo
- moriste
- morissero

Passato
- sia morto
- sia morto
- sia morto
- siamo morti
- siate morti
- siano morti

Trapassato
- fossi morto
- fossi morto
- fosse morto
- fossimo morti
- foste morti
- fossero morti

Condizionale

Presente
- mor(i)rei
- mor(i)resti
- mor(i)rebbe
- mor(i)remmo
- mor(i)reste
- mor(i)rebbero

Passato
- sarei morto
- saresti morto
- sarebbe morto
- saremmo morti
- sareste morti
- sarebbero morti

Imperativo

- —
- (tu) muori
- (Lei) muoia
- (noi) moriamo
- (voi) morite
- (loro) muoiano

Gerundio

Presente
- morendo

Passato
- essendo morto

Infinito

Passato
- essere morto

Participio

Passato
- morto

morire *sterben*

Beispiele und Wendungen

La nonna di Carlo è morta di vecchiaia.
Carlos Großmutter ist an Altersschwäche gestorben.

Il poeta Dante Alighieri morì nel 1321 a Ravenna.
Der Dichter Dante Alighieri starb im Jahr 1321 in Ravenna.

morire di qc	an etw. sterben
essere stanco da morire	todmüde sein
morire di fame / sete	verhungern / verdursten
avere una fame da morire	einen Mordshunger haben
morire di morte naturale	eines natürlichen Todes sterben
morire dal ridere	sich totlachen
morire per la libertà	für die Freiheit sterben

Besonderheiten

-o- wird -uo-
Im Indikativ Präsens und Konjunktiv sind die Formen mit -uo- zu beachten (z. B. m**uo**io, m**uo**ia). Die 1. und 2. Person Plural sind davon ausgenommen (m**o**riamo, m**o**rite). In den anderen Zeiten und Modi ist -o- im Verbstamm vorhanden.

Tipp

Lesen Sie die Formen laut vor und achten Sie auf die Betonungen. Fällt die Betonung auf -uo- (z. B. m**uo**io) so liegt der Akzent stets auf dem -o-.
Vgl. muovere, nuocere, scuotere

Eigene Notizen:

offrire *anbieten*

Indicativo

Presente
offro
offri
offre
offriamo
offrite
offrono

Passato prossimo
ho offerto
hai offerto
ha offerto
abbiamo offerto
avete offerto
hanno offerto

Imperfetto
offrivo
offrivi
offriva
offrivamo
offrivate
offrivano

Trapassato prossimo
avevo offerto
avevi offerto
aveva offerto
avevamo offerto
avevate offerto
avevano offerto

Passato remoto
offrii / offersi
offristi
offrì / offerse
offrimmo
offriste
offrirono / offersero

Trapassato remoto
ebbi offerto
avesti offerto
ebbe offerto
avemmo offerto
aveste offerto
ebbero offerto

Futuro semplice
offrirò
offrirai
offrirà
offriremo
offrirete
offriranno

Futuro anteriore
avrò offerto
avrai offerto
avrà offerto
avremo offerto
avrete offerto
avranno offerto

Congiuntivo

Presente
offra
offra
offra
offriamo
offriate
offrano

Imperfetto
offrissi
offrissi
offrisse
offrissimo
offriste
offrissero

Passato
abbia offerto
abbia offerto
abbia offerto
abbiamo offerto
abbiate offerto
abbiano offerto

Trapassato
avessi offerto
avessi offerto
avesse offerto
avessimo offerto
aveste offerto
avessero offerto

Condizionale

Presente
offrirei
offriresti
offrirebbe
offriremmo
offrireste
offrirebbero

Passato
avrei offerto
avresti offerto
avrebbe offerto
avremmo offerto
avreste offerto
avrebbero offerto

Imperativo

—
(tu) offri
(Lei) offra
(noi) offriamo
(voi) offrite
(loro) offrano

Gerundio

Presente
offrendo

Passato
avendo offerto

Infinito

Passato
avere offerto

Participio

Passato
offerto

offrire *anbieten*

Beispiele und Wendungen

Le posso offrire qualcosa da bere?
Kann ich Ihnen etwas zu Trinken anbieten?

Il direttore mi ha offerto un posto molto interessante.
Der Direktor hat mir eine sehr interessante Stelle angeboten.

offrire qc	*etw. (an)bieten*
offrire qc a qu	*jdm. etw. anbieten*
offrirsi di fare qc	*sich anbieten, etw. zu tun*

Weitere Verben
soffrire

soffrire di	*leiden an*
Mario soffre di asma.	*Mario leidet an Asthma.*

Besonderheiten

Im Passato remoto sind in der 1. und 3. Person Singular und 3. Person Plural folgende Doppelformen möglich: offrii / offersi – offrì / offerse – offrirono / offersero. Die regelmäßigen Formen offrii – offrì – offrirono sind jedoch geläufiger.

Tipp

Merken Sie sich: Wenn Sie eine(n) Italiener(in) im Restaurant oder in der Bar zu etwas einladen und die Rechnung übernehmen möchten, sagen Sie einfach:

Stasera offro io.	*Heute Abend zahle ich / übernehme ich die Rechnung.*

Eigene Notizen:

riempire *auffüllen*

Indicativo

Presente
riempio
riempi
riempie
riempiamo
riempite
riempiono

Passato prossimo
ho riempito
hai riempito
ha riempito
abbiamo riempito
avete riempito
hanno riempito

Imperfetto
riempivo
riempivi
riempiva
riempivamo
riempivate
riempivano

Trapassato prossimo
avevo riempito
avevi riempito
aveva riempito
avevamo riempito
avevate riempito
avevano riempito

Passato remoto
riempii
riempisti
riempì
riempimmo
riempiste
riempirono

Trapassato remoto
ebbi riempito
avesti riempito
ebbe riempito
avemmo riempito
aveste riempito
ebbero riempito

Futuro semplice
riempirò
riempirai
riempirà
riempiremo
riempirete
riempiranno

Futuro anteriore
avrò riempito
avrai riempito
avrà riempito
avremo riempito
avrete riempito
avranno riempito

Congiuntivo

Presente
riempia
riempia
riempia
riempiamo
riempiate
riempiano

Imperfetto
riempissi
riempissi
riempisse
riempissimo
riempiste
riempissero

Passato
abbia riempito
abbia riempito
abbia riempito
abbiamo riempito
abbiate riempito
abbiano riempito

Trapassato
avessi riempito
avessi riempito
avesse riempito
avessimo riempito
aveste riempito
avessero riempito

Condizionale

Presente
riempirei
riempiresti
riempirebbe
riempiremmo
riempireste
riempirebbero

Passato
avrei riempito
avresti riempito
avrebbe riempito
avremmo riempito
avreste riempito
avrebbero riempito

Imperativo

—
(tu) riempi
(Lei) riempia
(noi) riempiamo
(voi) riempite
(loro) riempiano

Gerundio

Presente
riempiendo

Passato
avendo riempito

Infinito

Passato
avere riempito

Participio

Passato
riempito

riempire *auffüllen*

Beispiele und Wendungen

La presenza dei miei amici mi riempie di gioia.
Die Anwesenheit meiner Freunde erfüllt mich mit Freude.

Ho dovuto riempire questo modulo per la domanda.
Ich musste dieses Formular für den Antrag ausfüllen.

riempire qc	etw. (aus)füllen
riempire il bicchiere	das Glas füllen
riempire qc di qc	etw. mit etw. (auf)füllen
riempire qu di qc	jdn. mit etw. überhäufen/überschütten
riempirsi	sich füllen

Weitere Verben

adempire – empire

adempire qc	etw. erfüllen
empire qc	etw. (auf)füllen
empirsi di qc	sich mit etw. voll stopfen

Besonderheiten

Beachten Sie die Formen, in denen ein zusätzliches -i- eingeschoben wird:
riemp**i**o, riemp**i**e, riemp**i**ono, riemp**i**a, riemp**i**ano. Dies betrifft auch das Gerundium im Präsens: riemp**i**endo.

Tipp

Konjugieren Sie das Verb laut und achten Sie bei den unregelmäßigen Formen darauf, dass das -i- hörbar ist.

Eigene Notizen:

salire *(hinauf)steigen*

-l- wird -lg-

Indicativo

Presente
salgo
sali
sale
saliamo
salite
salgono

Imperfetto
salivo
salivi
saliva
salivamo
salivate
salivano

Passato remoto
salii
salisti
salì
salimmo
saliste
salirono

Futuro semplice
salirò
salirai
salirà
saliremo
salirete
saliranno

Passato prossimo
sono salito
sei salito
è salito
siamo saliti
siete saliti
sono saliti

Trapassato prossimo
ero salito
eri salito
era salito
eravamo saliti
eravate saliti
erano saliti

Trapassato remoto
fui salito
fosti salito
fu salito
fummo saliti
foste saliti
furono saliti

Futuro anteriore
sarò salito
sarai salito
sarà salito
saremo saliti
sarete saliti
saranno saliti

Congiuntivo

Presente
salga
salga
salga
saliamo
saliate
salgano

Imperfetto
salissi
salissi
salisse
salissimo
saliste
salissero

Passato
sia salito
sia salito
sia salito
siamo saliti
siate saliti
siano saliti

Trapassato
fossi salito
fossi salito
fosse salito
fossimo saliti
foste saliti
fossero saliti

Condizionale

Presente
salirei
saliresti
salirebbe
saliremmo
salireste
salirebbero

Passato
sarei salito
saresti salito
sarebbe salito
saremmo saliti
sareste saliti
sarebbero saliti

Imperativo

—
(tu) sali
(Lei) salga
(noi) saliamo
(voi) salite
(loro) salgano

Gerundio

Presente
salendo

Passato
essendo salito

Infinito

Passato
essere salito

Participio

Passato
salito

salire *(hinauf)steigen*

Beispiele und Wendungen

Rodolfo sale sul tetto per riparare l'antenna.
Rodolfo steigt auf das Dach, um die Antenne zu reparieren.

Il prezzo della benzina è di nuovo salito.
Der Benzinpreis ist schon wieder gestiegen.

salire le scale / il monte	*die Treppen / den Berg hinaufsteigen*
salire con l'ascensore	*den Aufzug nehmen*
salire sul treno / tram	*in den Zug / in die Straßenbahn einsteigen*

Weitere Verben

assalire – risalire

assalire qu	*jdn. angreifen*
risalire	*wieder hinaufsteigen*

Besonderheiten

-l- → -lg- (z. B. sa**lg**o, sa**lg**ono)
Die zusammengesetzen Zeiten können mit den Hilfsverben avere und essere gebildet werden: z. B.

Ho salito il Vesuvio.	*Ich habe den Vesuv bestiegen.* (mit direktem Objekt)
Sono salito sul treno.	*Ich bin in den Zug eingestiegen.* (ohne direktes Objekt)

Tipp

Lernen Sie salire zusammen mit rimanere, spegnere, tenere, valere und venire, da diese Verben im Präsens dieselbe Unregelmäßigkeit aufweisen:
sal**g**o – riman**g**o – spen**g**o – ten**g**o – val**g**o – ven**g**o
sal**g**ono – riman**g**ono – spen**g**ono – ten**g**ono – val**g**ono – ven**g**ono

Eigene Notizen:

udire *hören*

betontes -u- wird -o-

Indicativo

Presente
- odo
- odi
- ode
- udiamo
- udite
- odono

Passato prossimo
- ho udito
- hai udito
- ha udito
- abbiamo udito
- avete udito
- hanno udito

Imperfetto
- udivo
- udivi
- udiva
- udivamo
- udivate
- udivano

Trapassato prossimo
- avevo udito
- avevi udito
- aveva udito
- avevamo udito
- avevate udito
- avevano udito

Passato remoto
- udii
- udisti
- udì
- udimmo
- udiste
- udirono

Trapassato remoto
- ebbi udito
- avesti udito
- ebbe udito
- avemmo udito
- aveste udito
- ebbero udito

Futuro semplice
- ud(i)rò
- ud(i)rai
- ud(i)rà
- ud(i)remo
- ud(i)rete
- ud(i)ranno

Futuro anteriore
- avrò udito
- avrai udito
- avrà udito
- avremo udito
- avrete udito
- avranno udito

Congiuntivo

Presente
- oda
- oda
- oda
- udiamo
- udiate
- odano

Imperfetto
- udissi
- udissi
- udisse
- udissimo
- udiste
- udissero

Passato
- abbia udito
- abbia udito
- abbia udito
- abbiamo udito
- abbiate udito
- abbiano udito

Trapassato
- avessi udito
- avessi udito
- avesse udito
- avessimo udito
- aveste udito
- avessero udito

Condizionale

Presente
- ud(i)rei
- ud(i)resti
- ud(i)rebbe
- ud(i)remmo
- ud(i)reste
- ud(i)rebbero

Passato
- avrei udito
- avresti udito
- avrebbe udito
- avremmo udito
- avreste udito
- avrebbero udito

Imperativo

- —
- (tu) odi
- (Lei) oda
- (noi) udiamo
- (voi) udite
- (loro) odano

Gerundio

Presente
- udendo

Passato
- avendo udito

Infinito

Passato
- avere udito

Participio

Passato
- udito

udire *hören*

Beispiele und Wendungen

Nel buio ho udito un grido.
Im Dunkeln habe ich einen Schrei gehört.

Hai udito la notizia?
Hast du die Nachricht erfahren?

udire qu / qc	*jdn. / etw. hören*
udire qc	*etw. erfahren*
udire un consiglio	*auf einen Rat hören*

Besonderheiten

-u- wird o-
Bei den Formen mit o- im Wortanlaut fällt die Betonung auf die erste Silbe:
o̱do, o̱di, o̱de, o̱dono, o̱da, o̱dano.

Tipp

Udire ist auf *hören* im Sinne von *wahrnehmen mit dem Gehör* beschränkt und wird im gesprochenen Italienisch meistens durch sentire ersetzt. Sentire kann neben *hören* noch weitere Wahrnehmungen ausdrücken. Dazu zählen *riechen*, *schmecken* und *fühlen*.

Merken Sie sich auch die aus udire abgeleiteten Begriffe:

l'udito	*Gehör, Hörsinn*
essere duro d'udito	*schwerhörig sein*
l'udienza	*Audienz*
l'uditore / l'uditrice	*Zuhörer / -in*
l'uditorio	*Zuhörerschaft, Auditorium*

Eigene Notizen:

uscire *ausgehen*

betontes -u- wird -e-

Indicativo

Presente
esco
esci
esce
usciamo
uscite
escono

Imperfetto
uscivo
uscivi
usciva
uscivamo
uscivate
uscivano

Passato remoto
uscii
uscisti
uscì
uscimmo
usciste
uscirono

Futuro semplice
uscirò
uscirai
uscirà
usciremo
uscirete
usciranno

Passato prossimo
sono   uscito
sei   uscito
è   uscito
siamo   usciti
siete   usciti
sono   usciti

Trapassato prossimo
ero   uscito
eri   uscito
era   uscito
eravamo   usciti
eravate   usciti
erano   usciti

Trapassato remoto
fui   uscito
fosti   uscito
fu   uscito
fummo   usciti
foste   usciti
furono   usciti

Futuro anteriore
sarò   uscito
sarai   uscito
sarà   uscito
saremo   usciti
sarete   usciti
saranno   usciti

Congiuntivo

Presente
esca
esca
esca
usciamo
usciate
escano

Imperfetto
uscissi
uscissi
uscisse
uscissimo
usciste
uscissero

Passato
sia   uscito
sia   uscito
sia   uscito
siamo   usciti
siate   usciti
siano   usciti

Trapassato
fossi   uscito
fossi   uscito
fosse   uscito
fossimo   usciti
foste   usciti
fossero   usciti

Condizionale

Presente
uscirei
usciresti
uscirebbe
usciremmo
uscireste
uscirebbero

Passato
sarei   uscito
saresti   uscito
sarebbe   uscito
saremmo   usciti
sareste   usciti
sarebbero   usciti

Imperativo

—
(tu)   esci
(Lei)   esca
(noi)   usciamo
(voi)   uscite
(loro) escano

Gerundio

Presente
uscendo

Passato
essendo uscito

Infinito

Passato
essere uscito

Participio

Passato
uscito

uscire *ausgehen*

Beispiele und Wendungen

Daniele esce con i suoi amici verso le otto.
Daniele geht gegen acht Uhr mit seinen Freunden aus.

Il giornale non è uscito oggi.
Die Zeitung ist heute nicht erschienen.

uscire con qu	mit jdm. ausgehen
uscire a fare qc	hinausgehen, um etw. zu tun
uscire in bicicletta / macchina	mit dem Fahrrad / Auto wegfahren
uscire a piedi	zu Fuß weggehen
uscirne bene / male	gut / schlecht davonkommen

Weitere Verben

fuoriuscire – riuscire

fuoriuscire da qc	aus etw. entweichen / strömen
Non ci riesco!	Ich schaffe es nicht!

Besonderheiten

u- wird e-
Bei den Formen mit e- im Wortanlaut fällt die Betonung auf die erste Silbe:
ęsco, ęsci, ęsce, ęscono, ęsca, ęscano.

Tipp

Auf italienischen Autobahnen begegnet dem Reisenden häufig das Schild mit der Aufschrift uscita *Ausfahrt*. In öffentlichen Einrichtungen zeigt Ihnen der Hinweis uscita, wo sich der *Ausgang* befindet.

Eigene Notizen:

venire *kommen*

Indicativo

Presente
- vengo
- vieni
- viene
- veniamo
- venite
- vengono

Passato prossimo
- sono venuto
- sei venuto
- è venuto
- siamo venuti
- siete venuti
- sono venuti

Imperfetto
- venivo
- venivi
- veniva
- venivamo
- venivate
- venivano

Trapassato prossimo
- ero venuto
- eri venuto
- era venuto
- eravamo venuti
- eravate venuti
- erano venuti

Passato remoto
- venni
- venisti
- venne
- venimmo
- veniste
- vennero

Trapassato remoto
- fui venuto
- fosti venuto
- fu venuto
- fummo venuti
- foste venuti
- furono venuti

Futuro semplice
- verrò
- verrai
- verrà
- verremo
- verrete
- verranno

Futuro anteriore
- sarò venuto
- sarai venuto
- sarà venuto
- saremo venuti
- sarete venuti
- saranno venuti

Congiuntivo

Presente
- venga
- venga
- venga
- veniamo
- veniate
- vengano

Imperfetto
- venissi
- venissi
- venisse
- venissimo
- veniste
- venissero

Passato
- sia venuto
- sia venuto
- sia venuto
- siamo venuti
- siate venuti
- siano venuti

Trapassato
- fossi venuto
- fossi venuto
- fosse venuto
- fossimo venuti
- foste venuti
- fossero venuti

Condizionale

Presente
- verrei
- verresti
- verrebbe
- verremmo
- verreste
- verrebbero

Passato
- sarei venuto
- saresti venuto
- sarebbe venuto
- saremmo venuti
- sareste venuti
- sarebbero venuti

Imperativo

- —
- (tu) vieni
- (Lei) venga
- (noi) veniamo
- (voi) venite
- (loro) vengano

Gerundio

Presente
- venendo

Passato
- essendo venuto

Infinito

Passato
- essere venuto

Participio

Passato
- venuto

venire *kommen*

Beispiele und Wendungen

A che ora vengono i tuoi genitori?
Um wie viel Uhr kommen deine Eltern?

venire da Cagliari	*aus Cagliari kommen*
Quanto viene il libro?	*Wie viel kostet das Buch?*
Mi viene da piangere.	*Ich muss weinen.*
venire a trovare qu	*jdn. besuchen (kommen)*
venire alla luce	*auf die Welt kommen*
Non mi viene in mente.	*Es fällt mir nicht ein.*

Weitere Verben

avvenire – convenire – divenire – intervenire – prevenire – svenire

avvenire	*geschehen, sich ereignen*
prevenire qu	*jdm. zuvorkommen*
svenire	*ohnmächtig werden*

Besonderheiten

Im Futur und Konditional Präsens ist der Verbstamm verkürzt (vgl. verrò ↔ prend**e**rò, verrei ↔ prend**e**rei).
Das Verb venire wird auch zur Bildung des Vorgangspassivs verwendet. (siehe Nr. 115)

Tipp

Lernen Sie venire zusammen mit rimanere, salire, spegnere, tenere, und valere, da alle Verben im Präsens dieselbe Unregelmäßigkeit aufweisen:
ven**g**o– riman**g**o – sal**g**o – spen**g**o – ten**g**o – val**g**o
ven**g**ono – riman**g**ono – sal**g**ono– spen**g**ono – ten**g**ono – val**g**ono

Eigene Notizen:

Passiv mit *essere*

essere preparato *vorbereitet sein*

Zustandspassiv

Indicativo

Presente

sono	preparato
sei	preparato
è	preparato
siamo	preparati
siete	preparati
sono	preparati

Passato prossimo

sono	stato preparato
sei	stato preparato
è	stato preparato
siamo	stati preparati
siete	stati preparati
sono	stati preparati

Imperfetto

ero	preparato
eri	preparato
era	preparato
eravamo	preparati
eravate	preparati
erano	preparati

Trapassato prossimo

ero	stato preparato
eri	stato preparato
era	stato preparato
eravamo	stati preparati
eravate	stati preparati
erano	stati preparati

Passato remoto

fui	preparato
fosti	preparato
fu	preparato
fummo	preparati
foste	preparati
furono	preparati

Trapassato remoto

fui	stato preparato
fosti	stato preparato
fu	stato preparato
fummo	stati preparati
foste	stati preparati
furono	stati preparati

Futuro semplice

sarò	preparato
sarai	preparato
sarà	preparato
saremo	preparati
sarete	preparati
saranno	preparati

Futuro anteriore

sarò	stato preparato
sarai	stato preparato
sarà	stato preparato
saremo	stati preparati
sarete	stati preparati
saranno	stati preparati

Congiuntivo

Presente

sia	preparato
sia	preparato
sia	preparato
siamo	preparati
siate	preparati
siano	preparati

Imperfetto

fossi	preparato
fossi	preparato
fosse	preparato
fossimo	preparati
foste	preparati
fossero	preparati

Passato

sia	stato preparato
sia	stato preparato
sia	stato preparato
siamo	stati preparati
siate	stati preparati
siano	stati preparati

Trapassato

fossi	stato preparato
fossi	stato preparato
fosse	stato preparato
fossimo	stati preparati
foste	stati preparati
fossero	stati preparati

Condizionale

Presente

sarei	preparato
saresti	preparato
sarebbe	preparato
saremmo	preparati
sareste	preparati
sarebbero	preparati

Passato

sarei	stato preparato
saresti	stato preparato
sarebbe	stato preparato
saremmo	stati preparati
sareste	stati preparati
sarebbero	stati preparati

Imperativo

—		
(tu)	sii	preparato
(Lei)	sia	preparato
(noi)	siamo	preparati
(voi)	siate	preparati
(loro)	siano	preparati

Gerundio

Presente

essendo preparato

Passato

essendo stato preparato

Infinito

Passato

essere stato preparato

Participio

Passato

stato preparato

essere preparato *vorbereitet sein*

Beispiele und Wendungen
La cena è preparata.
Das Abendessen ist zubereitet.

Il viaggio è stato preparato.
Die Reise ist vorbereitet worden.

Besonderheiten
Das Zustandspassiv wird mit essere + Partizip Perfekt gebildet und drückt in der Regel einen Zustand aus, d.h. es steht nicht die Handlung im Vordergrund, sondern deren Ergebnis.

Dabei richtet sich das Partizip in Genus und Numerus nach dem Subjekt:
Il cellulare è spento.	*Das Handy ist ausgeschaltet.*
La radio è spenta.	*Das Radio ist ausgeschaltet.*
I libri sono letti.	*Die Bücher sind gelesen.*
Le lettere sono lette.	*Die Briefe sind gelesen.*

Es kann auch in den zusammengesetzten Zeiten gebildet werden:
Il cellulare è stato spento.	*Das Handy ist ausgeschaltet worden.*
La radio è stata spenta.	*Das Radio ist ausgeschaltet worden.*
I libri sono stati letti.	*Die Bücher sind gelesen worden.*
Le lettere sono state lette.	*Die Briefe sind gelesen worden.*

Tipp
Bilden Sie Sätze nach dem oben angegeben Muster. Gehen Sie dabei alle Varianten durch (maskulin, feminin, Singular, Plural) und achten Sie stets auf die Endungen. Sie können dabei auf ganz alltägliche Dinge zurückgreifen: z. B. la lettera è scritta, il caffè è bevuto, i pantaloni sono lavati etc.

Eigene Notizen:

Passiv mit *venire*

venire preparato *vorbereitet werden*

Vorgangspassiv

Indicativo

Presente

		Passato prossimo
vengo	preparato	—
vieni	preparato	—
viene	preparato	—
veniamo	preparati	—
venite	preparati	—
vengono	preparati	—

Imperfetto

		Trapassato prossimo
venivo	preparato	—
venivi	preparato	—
veniva	preparato	—
venivamo	preparati	—
venivate	preparati	—
venivano	preparati	—

Passato remoto

		Trapassato remoto
venni	preparato	—
venisti	preparato	—
venne	preparato	—
venimmo	preparati	—
veniste	preparati	—
vennero	preparati	—

Futuro semplice

		Futuro anteriore
verrò	preparato	—
verrai	preparato	—
verrà	preparato	—
verremo	preparati	—
verrete	preparati	—
verranno	preparati	—

Congiuntivo

Presente

venga	preparato
venga	preparato
venga	preparato
veniamo	preparati
veniate	preparati
vengano	preparati

Imperfetto

venissi	preparato
venissi	preparato
venisse	preparato
venissimo	preparati
veniste	preparati
venissero	preparati

Passato

—

Trapassato

—

Condizionale

Presente

verrei	preparato
verresti	preparato
verrebbe	preparato
verremmo	preparati
verreste	preparati
verrebbero	preparati

Passato

—

Imperativo

	—	
(tu)	vieni	preparato
(Lei)	venga	preparato
(noi)	veniamo	preparati
(voi)	venite	preparati
(loro)	vengano	preparati

Gerundio

Presente

venendo preparato

Passato

—

Infinito

Passato

—

Participio

Passato

—

venire preparato *vorbereitet werden*

Beispiele und Wendungen
Il discorso viene preparato.
Die Rede wird vorbereitet.

La lezione veniva preparata.
Der Unterricht wurde vorbereitet.

Besonderheiten
Das Vorgangspassiv wird mit venire + Partizip Perfekt gebildet und drückt einen Vorgang aus, etwas wird gerade von jemandem getan.
Das Partizip richtet sich in Genus und Numerus nach dem Subjekt:

Il lavoro verrà fatto.	*Die Arbeit wird gemacht werden.*
La stanza viene pulita.	*Das Zimmer wird geputzt.*
Gli amici vengono chiamati.	*Die Freunde werden angerufen.*
Le case venivano costruite.	*Die Häuser wurden gebaut.*

Tipp
Bilden Sie Sätze nach dem oben angegeben Muster. Gehen Sie dabei alle Varianten durch (maskulin, feminin, Singular, Plural) und achten Sie stets auf die Endungen. Sie können dabei auf ganz alltägliche Dinge zurückgreifen: z. B. il pranzo viene fatto, la porta viene chiusa, i compiti vengono fatti etc.

Beachten Sie den Unterschied zwischen Zustands- und Vorgangspassiv:
Essere + Partizip wird meist benutzt, um einen Zustand auszudrücken, während die Konstruktion venire + Partizip benutzt wird, um einen Vorgang auszudrücken, z. B.:
La porta è chiusa. *Die Tür ist geschlossen / ist zu. (Zustand)*
La porta viene chiusa. *Die Tür wird geschlossen. (Vorgang)*

Eigene Notizen:

lavarsi *sich waschen*

Indicativo

Presente

mi lavo
ti lavi
si lava
ci laviamo
vi lavate
si lavano

Imperfetto

mi lavavo
ti lavavi
si lavava
ci lavavamo
vi lavavate
si lavavano

Passato remoto

mi lavai
ti lavasti
si lavò
ci lavammo
vi lavaste
si lavarono

Futuro semplice

mi laverò
ti laverai
si laverà
ci laveremo
vi laverete
si laveranno

Passato prossimo

mi sono lavato
ti sei lavato
si è lavato
ci siamo lavati
vi siete lavati
si sono lavati

Trapassato prossimo

mi ero lavato
ti eri lavato
si era lavato
ci eravamo lavati
vi eravate lavati
si erano lavati

Trapassato remoto

mi fui lavato
ti fosti lavato
si fu lavato
ci fummo lavati
vi foste lavati
si furono lavati

Futuro anteriore

mi sarò lavato
ti sarai lavato
si sarà lavato
ci saremo lavati
vi sarete lavati
si saranno lavati

Congiuntivo

Presente

mi lavi
ti lavi
si lavi
ci laviamo
vi laviate
si lavino

Imperfetto

mi lavassi
ti lavassi
si lavasse
ci lavassimo
vi lavaste
si lavassero

Passato

mi sia lavato
ti sia lavato
si sia lavato
ci siamo lavati
vi siate lavati
si siano lavati

Trapassato

mi fossi lavato
ti fossi lavato
si fosse lavato
ci fossimo lavati
vi foste lavati
si fossero lavati

Condizionale

Presente

mi laverei
ti laveresti
si laverebbe
ci laveremmo
vi lavereste
si laverebbero

Passato

mi sarei lavato
ti saresti lavato
si sarebbe lavato
ci saremmo lavati
vi sareste lavati
si sarebbero lavati

Imperativo

—
(tu)   lavati
(Lei) si lavi
(noi) laviamoci
(voi) lavatevi
(loro) si lavino

Gerundio

Presente

lavandosi

Passato

essendosi lavato

Infinito

Passato

essersi lavato

Participio

Passato

lavatosi

lavarsi *sich waschen*

Beispiele und Wendungen

Mi lavo con l'acqua fredda.
Ich wasche mich mit kaltem Wasser.

lavarsi con qc	*sich mit etw. waschen*
lavarsi le mani / la faccia	*sich die Hände / das Gesicht waschen*
lavarsi i denti	*sich die Zähne putzen*

Besonderheiten

Reflexive Verben werden in den zusammengesetzten Zeiten in der Regel mit essere konjugiert.
Das Partizip Perfekt muss dem Subjekt in Genus und Numerus angeglichen werden:

Mi sono lavato / a.	*Ich habe mich gewaschen.*
I ragazzi si sono lavati.	*Die Jungen haben sich gewaschen.*

Wenn das reflexive Verb in Verbindung mit einem Modalverb (dovere, potere, volere) steht, gibt es zwei Möglichkeiten:
Das Reflexivpronomen steht vor dem Hilvsverb → Bildung mit essere:

Lucia si è voluta lavare.	*Lucia wollte sich waschen.*

Das Reflexivpronomen wird an den Infinitiv gehängt → Bildung mit avere:

Lucia ha voluto lavarsi.	*Lucia wollte sich waschen.*

Tipp

Üben Sie doch die reflexiven Verben indem Sie beispielsweise Ihre morgendlichen Aktivitäten durchgehen. Sie werden sehen, dass Sie dabei auf einige dieser Verben stoßen werden: z. B. svegliarsi *aufwachen*, alzarsi *aufstehen*, vestirsi *sich anziehen*, lavarsi *sich waschen*, pettinarsi *sich kämmen*, farsi la barba *sich rasieren*, truccarsi *sich schminken*. Schreiben Sie doch mal Ihren Tagesablauf auf: Mi sono svegliato / a, mi sono alzato / a...

Eigene Notizen:

Präpositionen der häufigsten Verben

Dem Italienischlernenden kann der Gebrauch der richtigen Präposition nach einem Verb ob mit oder ohne Infinitiv Schwierigkeiten bereiten. Die folgende Auswahl berücksichtigt daher vor allem Verben, die im Italienischen eine andere Präposition führen als im Deutschen.

Verwendete Abkürzungen:
qc = qualcosa (etwas), qu = qualcuno (jemand / jemanden / jemandem)
etw. = etwas, jd = jemand, jdm = jemandem, jdn = jemanden

abusare **di** qc / qu *etw. / jdn missbrauchen*	Abusare dell'alcool può essere molto pericoloso.
accontentarsi **di** qc *sich mit etw. zufrieden geben*	Mi accontento di starti vicino.
accorgersi **di** qc *etw. (be)merken*	Sua madre si accorge di tutto.
accusare qu **di** qc *jdn einer Sache beschuldigen*	Berlusconi è stato accusato di concussione.
adattarsi **a** fare qc *sich (damit) abfinden, etw. zu tun*	Giulia si è dovuta adattare a vivere al piano terra.
aiutare qu **a** fare qc *jdm helfen, etw. zu tun*	Se vuoi, ti aiuto a preparare le valige.
andare **a** fare qc *etw. tun gehen*	Vado a fare la spesa.
approffittare **di** qc / qu *von etw. / jdm profitieren*	Se non ti dispiace, approffitto della tua gentilezza.
aprofittare **di** qc *etw. (aus)nutzen*	Oliver approfitta dell'assenza dei suoi genitori per fare grandi feste.
arrabbiarsi **con** qu **per** qc *sich über jdn wegen etw. ärgern*	Mi sono arrabbiata con Sandro per il suo disordine.
ascoltare qu / qc *jdm / einer Sache zuhören*	Ogni sera a mezzanotte ascolto le notizie in italiano.
aspettare qu / qc *auf jdn / etw. warten*	Li ho aspettati fino alle 10 e poi me ne sono andata.
aspettare **di** fare qc *(darauf) warten, etw. zu tun*	Aspetto di andare in pensione e poi faccio il giro del mondo.

assistere **a** qc
    einer Sache beiwohnen,
    an etw. teilnehmen
	Ho assistito anch'io all'ultimo concerto di Luciano Pavarotti.

assistere qu *jdm beistehen / helfen*	Quando mio padre era malato l'ho assistito io.
astenersi **da** qc *sich einer Sache enthalten*	Qualcuno si è astenuto dalle votazioni.

attenersi **a** qc *sich an etw. halten*	Per favore attenetevi alle istruzioni!
augurare qc **a** qu *jdm etw. wünschen*	Ti auguro delle belle vacanze.
augurare **a** qu **di** fare qc *jdm wünschen, etw. zu tun*	Ti auguro di fare belle vacanze.
augurarsi **di** fare qc *sich wünschen, etw. zu tun*	Mi auguro di rivederti presto.
basarsi **su** qc *sich auf etw. stützen*	Spesso è utile basarsi sul proprio intuito.
cedere **a** qu/qc *jdm/einer Sache nachgeben*	Ho dovuto cedere alla sua insistenza.
cercare **di** fare qc *versuchen, etw. zu tun*	Cercava di aiutarlo, ma lui non voleva.
chiedere qc **a** qu *jdn um etw. bitten*	Giusi mi ha chiesto la macchina per sabato.
chiedere **di** qu *nach jdm fragen*	Adam ha chiesto di te.
chiedere **a** qu **di** fare qc *jdn bitten, etw. zu tun*	Giusi mi ha chiesto di prestarle la macchina.
cominciare/ricominciare **da** qc *bei etw. anfangen*	„Ricomincio da 3" è il primo film di Massimo Troisi.
cominciare **a** fare qc *beginnen, etw. zu tun*	Piano piano, comincio a capire come sei fatto.
commerciare **in** qc *mit etw. handeln*	Il signor Tommasini commercia in stoffe e pellami.
comporsi **di** qc *aus etw. bestehen*	La commissione di esame si compone di 5 membri.
confessare qc **a** qu *jdm etw. gestehen*	Ti confesso la mia ignoranza.
confessare **a** qu **di** fare qc *jdm gestehen, etw. zu tun*	Ti confesso di non capire niente.
confidarsi **con** qu *sich jdm anvertrauen*	Quando ho problemi mi confido sempre con la mia amica Gloria.
congratularsi **con** qu **di**/**per** qc *jdm zu etw. gratulieren*	Mi congratulo con te per i tuoi bellissimi voti.
consigliare qc **a** qu *jdm etw. empfehlen*	Le consiglio gli gnocchi alla salvia.
consigliare **a** qu **di** fare qc *jdm raten, etw. zu tun*	Le consiglio di provare questi gnocchi.
consistere **di** qc *aus etw. bestehen*	La casa consiste di tre stanze.
consistere **in** qc *in/aus etw. bestehen*	In che cosa consiste la differenza?

continuare **a** fare qc *weiterhin etw. tun*	Paolo continua a dirmi che mi ama, ma io non ci credo.
contribuire **a** qc *zu etw. beitragen*	Contribuiamo anche noi alla salvaguardia dell'ambiente!
convincere qu **di** qc *jdn von etw. überzeugen*	L'ho convinto della mia innocenza.
convincere qu **a** fare qc *jdn überreden, etw. zu tun*	Mi ha convinto a partire con lui.
costringere qu **a** fare qc *jdn zwingen, etw. zu tun*	Non mi costringere a prendere provvedimenti.
credere **a** qu/qc *jdm/einer Sache glauben*	Credo ciecamente alla sua versione dei fatti.
credere **in** qu/qc *an jdn/etw. glauben*	Giovanni crede molto in Dio.
credere **di** avere fatto qc *glauben, etw. getan zu haben*	Credevo di avere capito tutto ma non era vero.
decidere **di** fare qc *beschließen, etw. zu tun*	Mimma ha deciso di diventare più ordinata.
dichiarare **di** fare qc *erklären, etw. zu tun*	L'accusato ha dichiarato di essere innocente.
dimenticare **di** fare qc *vergessen, etw. zu tun*	Ho dimenticato di telefonare a Francesca.
dire qc **a** qu *jdm etw. sagen*	Dimmi tutta la verità!
dire **a** qu **di** fare qc *jdn bitten, etw. zu tun*	Gli ho detto di non telefonarmi più.
discutere **di**/**su** qc *über etw. diskutieren*	Abbiamo discusso di politica tutta la notte.
disporre **di** qc/qu *über etw./jdn verfügen*	Non disponevo di molti soldi quando ero studentessa.
distinguersi **da** qu/qc *sich von jdm/etw. unterscheiden*	La cucina francese si distingue dalle altre per la sua raffinatezza.
distinguersi **per** qc *sich in/durch etw. unterscheiden*	Monica si distingue sempre per la sua eleganza.
domandare **di** qu *nach jdm fragen*	Non domandare sempre di Alessandra, è partita per l'America.
domandare qc **a** qu *jdn um etw. bitten*	Domando la chiave a mia madre.
dubitare **di** qu/qc *an jdm/etw. zweifeln*	Gianni dubita sempre di sè stesso e delle sue capacità.
evitare **di** fare qc *vermeiden, etw. zu tun*	Evitiamo di fare tardi stasera, se è possibile!

fidarsi **di** qu *jdm vertrauen*	Mi fido ciecamente di Giuliano.
fingere **di** fare qc *so tun, als ob*	Fingeva di non capire ma si vedeva che non era vero.
finire **di** fare qc *aufhören, etw. zu tun*	Quando ho finito di studiare vado in Brasile.
fondarsi **su** qc *sich auf etw. stützen*	Ciò si fonda sul fatto che non tutti hanno capito quello che ho detto.
fregarsene **di** qu / qc *auf jdn / etw. pfeifen*	Non me ne frega niente della sua situazione.
giurare **di** fare qc *schwören, etw. zu tun*	L'accusato ha giurato di essere innocente.
guardarsi **da** qu / qc *sich vor jdm / etw. hüten*	Ragazzi, guardatevi dalle cattive compagnie!
illudersi **di** essere qc *sich vormachen, etw. zu sein*	Si illudeva di essere il più bravo.
imparare qc **da** qu *etw. von jdm lernen*	Ho imparato l'ungherese da un mio amico.
imparare **a** fare qc *etw. zu tun lernen*	Devi imparare ad ascoltare prima di parlare.
impedire **a** qu **di** fare qc *jdn (daran) hindern, etw. zu tun*	Mia madre mi ha impedito di venire alla tua festa.
incominciare **a** fare qc *beginnen, etw. zu tun*	Oggi incomincio a lavorare nella ditta di mio padre.
incoraggiare qu **a** fare qc *jdn ermutigen, etw. zu tun*	Roberta incoraggiava sempre sua figlia a studiare di più.
informarsi **su** / **di** qc / qu *sich über etw. / jdn informieren*	Dopo mi informo sugli orarai dei treni per Udine.
insegnare qc **a** qu *jdn etw. lehren*	Insegno l'italiano ai tedeschi dal 1978.
insegnare **a** qu **a** fare qc *jdm beibringen, etw. zu tun*	Se vuoi, ti insegno a usare il computer.
insistere **su** qc *auf etw. bestehen*	Insisto ancora una volta sulle mie proposte.
intendersi **di** qc *sich in etw. auskennen*	Mi intendo molto di fotografia.
interessarsi **di** qu / qc *sich für jdn / etw. interessieren*	Mi interesso molto di letteratura.
innamorarsi **di** qu / qc *sich in jdn / etw. verlieben*	Mi sono innamorata di Raffaele e soprattutto della sua sincerità.
invitare qu **a** qc *jdn zu etw. einladen*	Il 14 luglio vorrei invitarti alla mia festa di compleanno.
invitare qu **a** fare qc *jdn bitten, etw. zu tun*	Ti invito a parlare più lentamente.

iscriversi **a** qc *sich bei etw. anmelden*	Mi sono iscritta all'Università di Venezia.
lamentarsi **di** qc/qu *sich über etw./jdn beklagen*	Gianna si lamenta sempre del suo lavoro.
limitarsi **a** qc *sich auf etw. beschränken*	Dovremmo limitarci all'essenziale.
limitarsi **a** fare qc *sich (darauf) beschränken, etw. zu tun*	Mi limiterò a dire …
meritare **di** fare qc *verdienen, etw. zu tun*	Sandro non merita di essere trattato così male.
mettersi **a** fare qc *beginnen, etw. zu tun*	Domani mi metto a studiare per l'esame di francese.
occuparsi **di** qu/qc *sich um jdn/etw. kümmern*	Mi occupo di linguistica.
parlare **con** qu **di** qc/qu *mit jdm über etw./jdn sprechen*	Ieri ho parlato con Gloria del suo ragazzo.
partecipare **a** qc *an etw. teilnehmen*	L'Italia ha partecipato ai mondiali di calcio.
pensare **a** qu/qc *an jdn/etw. denken*	Penso spesso a Daniele e alle nostre vacanze in Sardegna.
pensare qc **di** qu/qc *etw. von jdm/etw. halten*	Che cosa pensi degli Italiani e della loro mentalità?
pensare **di** fare qc *vorhaben, etw. zu tun*	Quando pensi di partire?
perdonare qc **a** qu *jdm etw. verzeihen*	La signora Rossi perdona sempre i ritardi **a** suo marito.
perdonare qu **di** avere fatto qc *jdm verzeihen, etw. getan zu haben*	Va beh', ti perdono di avermi fatto aspettare così tanto.
pregare qu **di** fare qc *jdn bitten, etw. zu tun*	Ti prego di venire puntuale, stasera.
preoccuparsi **di**/**per** qu/qc *um jdn/etw. besorgt sein*	Non ti preoccupare per me, sto bene.
preoccuparsi **di** fare qc *sich bemühen, etw. zu tun*	Maurizio si preoccupa sempre di essere gentile.
prepararsi **a** qc *sich auf etw. vorbereiten*	Massimo si sta preparando alla visita di sua madre.
promettere qc **a** qu *jdm etw. versprechen*	Mi promette la luna e poi non succede mai niente.
promettere **di** fare qc *versprechen, etw. zu tun*	Ti prometto di non parlare più di Roberto.
proporsi **di** fare qc *sich vornehmen, etw. zu tun*	Mi propongo sempre di essere ordinata e poi…

proteggere qu/qc **da** qu/qc *jdn/etw. vor jdm/etw. schützen*	L'ombrello ci protegge dalla pioggia.
provare **a** fare qc *versuchen, etw. zu tun*	Provo a cercarlo sul lavoro.
provvedere **a** qc/qu *für etw./jdn sorgen*	Non ti preoccupare, provvedo a tutto io!
raccontare qc **a** qu *jdm etw. erzählen*	Mimma mi ha raccontato che Flavia è già partita.
raccontare **di** qc/qu *von/über etw./jdn erzählen*	Se vuoi ti racconto della mia infanzia in Italia.
rassegnarsi **a** fare qc *sich (damit) abfinden, etw. zu tun*	Gaia si è rassegnata a partire soltanto il 30 agosto.
reagire **a** qc/qu *auf etw./jdn reagieren*	Devi reagire a questa situazione.
riconoscere qu/qc **da** qc *jdn/etw. an etw. erkennen*	L'ho riconosciuto dalla voce.
ricordare qc **a** qu *jdn an etw. erinnern*	Ti ricordo il tuo appuntamento con Daniel domani sera.
ricordarsi **di** qc *sich an etw. erinnern*	Mi devo assolutamente ricordare del compleanno di Paola.
ricordare/ricordarsi **di** fare qc *sich (daran) erinnern, etw. zu tun*	Mi devo ricordare di passare dal giornalaio.
riempire qc **di** qc *etw. mit etw. füllen*	Riempio la mia stanza di cose inutili.
rifiutare/rifiutarsi **di** fare qc *sich weigern, etw. zu tun*	Roberto si è rifiutato di aiutare sua moglie.
ringraziare qu **di**/**per** qc *jdn für etw. danken*	Ti ringrazio molto per la/della tua pazienza.
rinunciare **a** qc *auf etw. verzichten*	Quest'anno non voglio rinunciare alle vacanze in Italia.
rischiare **di** fare qc *riskieren, etw. zu tun*	Rischiamo di perdere l'aereo se non ci muoviamo.
rispondere **a** qu *jdm antworten*	Gli ho risposto di no.
rispondere **a** qc *etw. beantworten*	Rispondo sempre alle lettere che ricevo.
rispondere **di** qu/qc *für jdn/etw. bürgen*	Rispondo io dei miei figli.
ritornare **su** qc *auf etw. zurückkommen*	Se vuoi, ritorniamo sull'argomento.
sapere qc **di** qu/qc *etw. von jdm/etw. wissen*	Tutto quello che so di lui, è che molto simpatico.
sapere qc **da** qu *etw. von jdm erfahren*	Ho saputo tutto da mio fratello.

sapere **di** qc *nach etw. schmecken*	Questa minestra sa di bruciato.
scusarsi **con** qu **di**/**per** qc *sich bei jdm für etw. entschuldigen*	Mimmo si è scusato con lei per non averla più chiamata.
servire qu *jdm dienen*	Perché servire sempre i potenti?
servire qc *etw. servieren*	Ada mi ha servito un tiramisù favoloso.
servire **a** qc *zu etw. dienen*	A che cosa mi serve questa cosa?
servire **da** qc *als etw. dienen*	Questo locale serve da magazzino.
servirsi **di** qc *etw. benutzen*	Quando posso mi servo sempre dei mezzi pubblici.
sognare (**di**) qu/qc *von jdm/etw. träumen*	Ho sognato (di) una spiaggia bellissima e (di) un ragazzo stupendo.
sognarsi **di** fare qc *sich einfallen lassen, etw. zu tun*	Non ti sognerai mica di uscire con questo tempo!?
sospettare qu **di** qc *jdn einer Sache verdächtigen*	La signora Bianchi sospetta suo marito di tradimento.
sospettare qc **in** qu *etw. bei jdm vermuten*	Non sospettavo tanta pazienza in lui.
sostituire qu/qc **a**/**con** qu/qc *jdn/etw. durch jdn/etw. ersetzen*	Bisogna sostituire la lampadina fulminata con una alogena.
telefonare **a** qu *mit jdm telefonieren, jdn anrufen*	Telefono a Renato e poi ti faccio sapere.
temere **di** fare qc *fürchten, etw. zu tun*	Temeva di arrivare troppo tardi.
tentare **di** fare qc *versuchen, etw. zu tun*	Ho tentato di imparare l'ungherese ma è una lingua molto difficile.
tradurre qc **da** qc *etw. aus etw. übersetzen*	Devo tradurre questo testo dall'inglese.
trattare/trattarsi **di** qc *von etw. handeln/ sich um etw. handeln*	Qui si tratta di vita o di morte!
vantarsi **di** qc *sich einer Sache rühmen*	Lui si vanta sempre della sua bellezza.
vendicarsi **di** qc *sich für etw. rächen*	Giuseppe si è vendicato del torto subito.
vergognarsi **di** qu/qc *sich jds/einer Sache schämen*	Non ti vergognare mai delle tue origini.

Alphabetische Verbliste

In der nachstehenden Liste sind einige der wichtigsten regelmäßigen und unregelmäßigen italienischen Verben in alphabetischer Folge aufgeführt. Die Zahlen verweisen auf die Konjugationsnummern der in diesem Buch beispielhaft konjugierten Verben. Diese Musterverben sind blau hervorgehoben.
Verben, deren zusammengesetzte Zeiten mit dem Hilfsverb essere gebildet werden, sind durch + E gekennzeichnet, Verben mit wechselndem Gebrauch sind mit + A/E markiert. Alle übrigen Verben bilden die zusammengesetzten Zeiten mit avere.

Weitere verwendete Abkürzungen:
(-) = fehlt
cond. = Condizionale presente
fut. = Futuro semplice
p.p. = Participio passato
p.r. = Passato remoto
pres. = Presente
verbo imp. = verbo impersonale (unpersönliches Verb)

A

abbagliare *(blenden)*	14
abbaiare *(bellen)*	13
abbandonare *(verlassen)*	3
abbellire *(verschönern)*	104
abbigliare *(kleiden)*	14
abboccare *(anbeißen)*	7
abbracciare *(umarmen)*	6
abbreviare *(abkürzen)*	13
abbronzarsi + E *(sich bräunen)*	3
abbrustolire *(rösten)*	104
abbrutire *(verrohen)*	104
abdicare *(abdanken)*	7
abitare *(wohnen)*	3
abituarsi + E *(sich gewöhnen)*	3
abolire *(abschaffen)*	104
aborrire *(verabscheuen)*	104/101
abortire *(abtreiben)*	104
abrogare *(außer Kraft setzen)*	11
accadere + E *(geschehen)*	18
accalappiare *(einfangen)*	13
accalcare *(zusammenpferchen)*	7
accanirsi + E *(sich erbosen)*	104
accapigliarsi + E *(sich raufen)*	14
accasciarsi + E *(zusammensinken)*	9
accecare + A/E *(blind machen/erblinden)*	7
accelerare *(beschleunigen)*	3
accendere *(anzünden, einschalten)*	83
accerchiare *(umzingeln)*	13
accettare *(annehmen)*	3
accingersi + E *(sich anschicken)*	69
accludere *(beifügen)*	20
accogliere *(empfangen)*	21
accompagnare *(begleiten)*	3
accondiscendere *(einwilligen)*	83
acconsentire *(zustimmen)*	101
accontentare *(zufrieden stellen)*	3
accoppiare *(paaren)*	13
accorciare + A/E *(kürzen/kürzer werden)*	6
accorgersi + E *(bemerken)*	94
accorrere *(herbeieilen)*	57
accovacciarsi + E *(sich kauern)*	6
accrescere + A/E *(vergrößern/wachsen)*	58
accucciarsi + E *(sich hinlegen)*	6
accudire *(pflegen)*	104
accusare *(vorwerfen)*	3
acquisire *(erwerben)*	104
acquistare *(kaufen)*	3
acuire *(verschärfen)*	104
adagiare *(hinlegen)*	10
addirsi + E, (-) p.r., (-) p.p. *(geeignet sein)*	25
addivvenire *(gelangen)*	113
addolcire *(süßen)*	104
addolcirsi + E *(sanfter werden)*	104
addomesticare *(zähmen)*	7
addormentarsi + E *(einschlafen)*	3
addurre *(vorbringen)*	23
adempiere *(erfüllen)*	22
adempire *(erfüllen)*	109

aderire *(haften, beitreten)*	104
adibire *(benutzen)*	104
adocchiare *(erspähen)*	13
adoperare *(benutzen)*	3
affacciarsi + E *(sich zeigen)*	6
affaticare *(anstrengen)*	7
affiancare *(nebeneinander stellen)*	7
affibbiare *(zuschnallen)*	13
affievolirsi + E *(schwächer werden)*	104
affiggere *(anbringen)*	49
affittare *(vermieten, mieten)*	3
affliggere *(bedrücken)*	68
afflosciarsi + E *(schlaff werden)*	9
affluire + E *(fließen)*	104
affogare + A/E *(ertränken/ertrinken)*	11
affrancare *(frankieren)*	7
affumicare *(räuchern)*	7
agganciare *(zuschnallen, anhängen)*	6
agghiacciare + A/E *(gefrieren lassen/gefrieren)*	6
aggiogare *(einspannen)*	11
aggiungere *(hinzufügen)*	73
aggiustare *(reparieren)*	3
aggredire *(angreifen)*	104
aggregare *(angliedern)*	11
aggrovigliare *(aufrollen)*	14
agire *(handeln)*	104
aiutare *(helfen)*	3
albeggiare + E *(dämmern)*	10
albergare *(bewirten)*	11
allacciare *(zubinden)*	6
allargare *(erweitern)*	11
allegare *(beifügen)*	11
alleggerire *(leichter machen)*	104
allestire *(organisieren)*	104
alleviare *(erleichtern)*	13
allibire + E *(erstarren)*	104
alloggiare *(unterbringen)*	10
alludere *(anspielen)*	20
allungare *(verlängern)*	11
alzarsi + E *(aufstehen)*	3
amare *(lieben)*	3
ambire *(anstreben)*	104
ammaccare *(verbeulen)*	7
ammaliare *(bezaubern)*	5
ammattire + E *(verrückt werden)*	104
ammettere *(zugeben)*	77
ammiccare *(zuzwinkern)*	7
ammirare *(bewundern)*	3
ammobiliare *(möblieren)*	13
ammonire *(ermahnen)*	104
ammorbidire + A/E *(weich machen/weich werden)*	104
ammucchiare *(anhäufen)*	13
ammuffire + E *(verschimmeln)*	104
ammutolire + E *(verstummen)*	104
amnistiare *(begnadigen)*	5
ampliare *(vergrößern)*	5
amplificare *(erweitern)*	7
andare + E *(gehen)*	4
angosciare *(ängstigen)*	9
angustiare *(bedrücken)*	13
annaffiare *(gießen)*	13
annebbiare *(vernebeln)*	13
annegare + A/E *(ertränken/ertrinken)*	11
annerire + A/E *(schwärzen/schwarz werden)*	104
annettere *(beifügen)*	88
annichilire *(vernichten)*	104
annoiare *(langweilen)*	13
annuire *(nicken)*	104
annunciare *(bekannt geben)*	6
annunziare *(bekannt geben)*	13
anteporre *(voranstellen)*	34
appagare *(befriedigen)*	11
appaiare *(paarweise zusammenstellen)*	13
apparecchiare *(decken)*	13
apparire + E *(erscheinen)*	102
appartenere + A/E *(gehören)*	43
appassire + E *(verwelken)*	104
appendere *(aufhängen)*	83
appesantire *(schwer machen)*	104
appiattire *(platt drücken)*	104
appiccicare *(kleben)*	7
appigliarsi + E *(sich festhalten)*	14
applaudire *(Beifall klatschen)*	101/104
applicare *(anbringen, anwenden)*	7
appoggiare *(anlehnen)*	10
apporre *(anbringen)*	34
apprendere *(begreifen, erfahren)*	83
approfittare *(ausnutzen)*	3
approfondire *(vertiefen)*	104
aprire *(öffnen)*	103
archiviare *(archivieren)*	13
ardere + A/E *(verbrennen/brennen)*	50
ardire *(wagen)*	104

arguire *(entnehmen)*	104
arieggiare *(lüften)*	10
arrabbiarsi + E *(sich ärgern)*	13
arrampicarsi + E *(klettern)*	7
arrangiarsi + E *(sich behelfen)*	10
arrecare *(überbringen)*	7
arredare *(einrichten)*	3
arrendersi + E *(sich ergeben)*	83
arrestare *(festnehmen)*	3
arricchire + A/E *(bereichern/reich werden)*	104
arricciare *(kräuseln)*	6
arringare *(eine Ansprache halten)*	11
arrivare + E *(ankommen)*	3
arrischiare *(riskieren)*	13
arrossire + E *(erröten)*	104
arrostire + A/E *(braten)*	104
arrugginire + A/E *(rostig machen/rosten)*	104
ascendere + E *(hinaufsteigen, besteigen)*	83
asciugare + A/E *(trocknen)*	11
ascoltare *(zuhören)*	3
ascrivere *(zuschreiben)*	93
asfissiare + A/E *(ersticken)*	13
aspergere *(besprengen)*	62
aspettare *(warten)*	3
assaggiare *(probieren)*	10
assalire *(angreifen)*	110
assediare *(belagern)*	13
assentire *(zustimmen)*	101
assicurare *(versichern)*	3
assistere *(beistehen)*	86
associare *(verbinden)*	6
assolvere *(freisprechen)*	51
assomigliare *(ähneln)*	14
assopirsi + E *(einnicken)*	104
assorbire *(aufsaugen)*	101/104
assottigliare *(dünner machen)*	14
assuefarsi + E *(sich gewöhnen)*	28
assumere *(annehmen, einstellen)*	52
assurgere + E *(emporsteigen)*	53
astenersi + E *(sich enthalten)*	43
astrarre *(ablenken)*	44
attaccare *(befestigen)*	7
atteggiarsi + E *(sich aufspielen)*	10
attendere *(warten)*	83
attenersi + E *(sich halten an)*	43
atterrare + A/E *(landen)*	3
atterrire *(erschrecken)*	104
attingere *(schöpfen)*	69
attirare *(auf sich ziehen)*	3
attorcigliare *(aufwickeln)*	14
attrarre *(anziehen)*	44
attraversare *(überqueren)*	3
attribuire *(zuschreiben)*	104
attutire *(dämpfen)*	104
augurare *(wünschen)*	3
aumentare + A/E *(erhöhen/steigen)*	3
autenticare *(beglaubigen)*	7
autodistruggersi + E *(sich selbst zerstören)*	97
autoridurre *(selbst herabsetzen)*	23
avere *(haben)*	2
avvalersi + E *(Gebrauch machen)*	45
avvantaggiare *(begünstigen)*	10
avvedersi + E, p.p. nur regelmäßig *(bemerken)*	46
avvenire + E *(geschehen)*	113
avvertire *(verständigen)*	101
avviare *(einleiten)*	5
avvicinarsi + E *(sich nähern)*	3
avvilire *(deprimieren)*	104
avvincere *(fesseln)*	99
avvinghiare *(umklammern)*	13
avvizzire + A/E *(welken lassen/verwelken)*	104
avvolgere *(einwickeln)*	100

B

baciare *(küssen)*	6
ballare *(tanzen)*	3
bandire *(ausschreiben)*	104
barricare *(versperren)*	7
bastare + E *(genügen)*	3
battere *(schlagen)*	15
bazzicare *(verkehren in)*	7
beatificare *(selig sprechen)*	7
beccare *(picken)*	7
beccheggiare *(schaukeln)*	10
benedire *(segnen)*	25
beneficare *(beschenken)*	7
bere *(trinken)*	17
bersagliare *(unter Beschuss nehmen)*	14
bilanciare *(ausgleichen)*	6
bisbigliare *(flüstern)*	14
bisticciare *(streiten)*	6
bivaccare *(im Freien übernachten)*	7
blandire *(lindern)*	104

bloccare *(sperren)*	7
boccheggiare *(nach Luft schnappen)*	10
bocciare *(durchfallen lassen)*	6
bollire *(kochen)*	101
braccare *(verfolgen)*	7
brandire *(schwingen)*	104
brigare *(eifrig bemüht sein)*	11
brucare *(abweiden)*	7
bruciare + A/E *(verbrennen/brennen)*	6
brulicare *(wimmeln)*	7
bucare *(ein Loch machen in)*	7
buscare *(kriegen)*	7
bussare *(klopfen)*	3

C

cacciare *(jagen)*	6
cadere + E *(fallen)*	18
cagliare + A/E *(gerinnen lassen/gerinnen)*	14
calciare *(schießen)*	6
caldeggiare *(befürworten)*	10
calmare *(beruhigen)*	3
calunniare *(verleumden)*	13
cambiare + A/E *(wechseln/sich verändern)*	13
camminare *(gehen)*	3
campeggiare *(zelten)*	10
cantare *(singen)*	3
capire *(verstehen)*	104
capovolgere *(umkippen)*	100
caricare *(laden)*	7
carpire *(entlocken)*	104
cascare + E *(fallen)*	7
castigare *(bestrafen)*	11
catalogare *(katalogisieren)*	11
causare *(verursachen)*	3
cavalcare *(reiten)*	7
cedere *(nachgeben)*	16
cenare *(zu Abend essen)*	3
cercare *(suchen)*	7
certificare *(bescheinigen)*	7
chiacchierare *(plaudern)*	3
chiamare *(rufen, nennen)*	3
chiamarsi *(heißen)*	3
chiarificare *(erläutern)*	7
chiarire + A/E *(klären/aufklaren)*	104
chiedere *(fragen)*	19
chiudere *(schließen)*	20
cingere *(umgeben)*	69

circoncidere *(beschneiden)*	87
circonflettere *(krümmen)*	88
circoscrivere *(abgrenzen)*	93
classificare *(einordnen)*	7
codificare *(verschlüsseln)*	7
coesistere + E *(nebeneinander bestehen)*	86
cogliere *(pflücken)*	21
coincidere *(übereinstimmen)*	87
coinvolgere *(hineinziehen)*	100
collaborare *(zusammenarbeiten)*	3
collegare *(verbinden)*	11
collezionare *(sammeln)*	3
collidere *(zusammenstoßen)*	87
collocare *(stellen, legen)*	7
colpire *(schlagen, treffen)*	104
combaciare *(zusammenpassen)*	6
cominciare + A/E *(beginnen)*	6
commerciare *(Handel treiben)*	6
commettere *(begehen)*	77
commuovere *(ergreifen)*	30
comparire + E *(erscheinen)*	102
compatire *(bemitleiden)*	104
compendiare *(zusammenfassen)*	13
competere *(-) p.p. (konkurrieren)*	15
compiacere + E *(gefällig sein)*	33
compiangere *(bedauern)*	81
compiere *(beenden)*	22
compire *(beenden)*	104
complicare *(komplizierter machen)*	7
comporre *(verfassen)*	34
comportarsi + E *(sich benehmen)*	3
comprare *(kaufen)*	3
comprendere *(umfassen)*	83
comprimere *(zusammendrücken)*	67
compromettere *(gefährden)*	77
comunicare *(bekannt geben)*	7
concedere *(gewähren)*	54
concentrarsi + E *(sich konzentrieren)*	3
concepire *(sich ausdenken)*	104
concernere *(-) p.p. (betreffen)*	15
conchiudere *(beenden)*	20
concludere *(beenden)*	20
conciare *(gerben, zurichten)*	6
conciliare *(in Einklang bringen)*	13
concludere *(beenden)*	20
concorrere *(beitragen)*	57
condannare *(verurteilen)*	3

condire *(würzen)*	104
condiscendere *(entgegenkommen)*	83
condividere *(teilen)*	87
condolersi + E *(sein Beileid ausdrücken)*	26
condurre *(führen)*	23
confarsi + E *(entsprechen)*	28
conferire *(vergeben)*	104
confermare *(bestätigen)*	3
conficcare *(hineinschlagen)*	7
confiscare *(beschlagnahmen)*	7
confluire + A/E *(zusammenfließen)*	104
confondere *(verwechseln)*	70
congiungere *(verbinden)*	73
conguagliare *(ausgleichen)*	14
coniare *(prägen)*	13
coniugare *(konjugieren)*	11
connettere *(zusammenfügen)*	88
conoscere *(kennen)*	55
conseguire + A/E *(erlangen/sich ergeben)*	101
consentire *(erlauben)*	101
considerare *(betrachten)*	3
consigliare *(raten zu)*	14
consistere + E *(bestehen)*	86
consolare *(trösten)*	3
constatare *(feststellen)*	3
consumare *(verbrauchen)*	3
contagiare *(anstecken)*	10
contare *(zählen)*	3
conteggiare *(berechnen)*	10
contendere *(streitig machen)*	83
contenere *(enthalten)*	43
continuare + A/E *(fortsetzen/andauern)*	3
contorcere *(auswringen)*	98
contraddire *(widersprechen)*	25
contraddistinguere *(auszeichnen)*	61
contraffare *(fälschen)*	28
contrapporre *(gegenüberstellen)*	34
contrariare *(verärgern)*	13
contrarre *(anspannen)*	44
contravvenire + E *(übertreten)*	113
contribuire *(beitragen)*	104
controproporre *(den Gegenvorschlag machen)*	34
contundere *(prellen)*	56
convenire + E *(sich lohnen, zusammenkommen)*	113
convergere *(übereinstimmen)*	62
convertire *(bekehren)*	101
convincere *(überzeugen)*	99
convivere + E *(zusammenleben)*	47
convocare *(einberufen)*	7
convogliare *(leiten)*	14
copiare *(kopieren)*	13
coprire *(zudecken)*	103
coricare *(hinlegen)*	7
correggere *(verbessern)*	76
correre + A/E *(laufen)*	57
corrispondere *(entsprechen)*	89
corrodere *(zersetzen)*	90
corrompere *(bestechen)*	91
corrucciarsi + E *(sich aufregen)*	6
corrugare *(runzeln)*	11
corteggiare *(den Hof machen)*	10
cospargere *(bestreuen)*	95
cospergere *(bestreuen)*	62
costare + E *(kosten)*	3
costeggiare *(entlangfahren)*	10
costituire *(bilden)*	104
costringere *(zwingen)*	96
costruire *(bauen)*	104
credere *(glauben)*	16
crescere + A/E *(großziehen/wachsen)*	58
criticare *(kritisieren)*	7
crocefiggere *(kreuzigen)*	49
crucciare *(betrüben)*	6
cucinare *(kochen)*	3
cucire *(nähen)*	105
cuocere *(kochen)*	24
custodire *(aufbewahren)*	104

D

danneggiare *(beschädigen)*	10
dare *(geben)*	8
decadere + E *(verfallen)*	18
decidere *(entscheiden)*	87
decodificare *(entschlüsseln)*	7
decomporre *(zersetzen)*	34
decomprimere *(den Druck vermindern)*	67
decorrere + E *(vergehen)*	57
decrescere + E *(zurückgehen)*	58
dedicare *(widmen)*	7
dedurre *(folgern)*	23
defalcare *(abziehen)*	7
deferire *(anzeigen)*	104
definire *(definieren)*	104
deflettere *(abweichen)*	88

delegare *(beauftragen)*	11
deludere *(enttäuschen)*	20
demolire *(verschrotten)*	104
denunciare *(anzeigen)*	6
denunziare *(anzeigen)*	13
deperire + E *(verderben)*	104
deporre *(abstellen)*	34
deprecare *(missbilligen)*	7
deprimere *(deprimieren)*	67
deragliare *(entgleisen)*	14
deridere *(verspotten)*	87
derogare *(abweichen)*	11
descrivere *(beschreiben)*	93
desiderare *(sich wünschen)*	3
desistere *(nicht weiter verfolgen)*	86
destituire *(absetzen)*	104
destreggiarsi + E *(zurechtkommen)*	10
detenere *(innehaben)*	43
detrarre *(abziehen)*	44
deviare *(umleiten, die Richtung ändern)*	5
diagnosticare *(diagnostizieren)*	7
dichiarare *(erklären, verkünden)*	3
difendere *(verteidigen)*	83
differenziare *(unterscheiden)*	13
differire *(verschieben)*	104
diffondere *(verbreiten)*	70
digerire *(verdauen)*	104
dilagare + E *(um sich greifen)*	11
dilaniare *(zerfetzen)*	13
dileggiare *(verhöhnen)*	10
diluire *(verdünnen)*	104
dilungarsi + E *(sich auslassen)*	11
diluviare *verbo imp.* *(in Strömen regnen)*	6
dimagrire + E *(abnehmen)*	104
dimenticare *(vergessen)*	7
dimettere *(entlassen)*	77
diminuire + A/E *(verringern/zurückgehen)*	104
dimostrare *(zeigen)*	3
dipartire + E *(hinscheiden)*	104 / 101
dipendere + E *(abhängen)*	83
dipingere *(malen)*	69
dire *(sagen)*	25
dirigere *(leiten, lenken)*	64
dirompere *(zermalmen)*	91
disassuefarsi + E *(sich abgewöhnen)*	28
discendere + E *(abstammen)*	83
discernere *(-) p.p. (erkennen)*	15
dischiudere *(öffnen)*	20
disciogliere *(auflösen)*	21
discomporre *(stören)*	34
disconnettere *(zerlegen)*	88
disconoscere *(nicht anerkennen)*	55
disconvenire *(ungebührlich sein)*	113
discorrere *(sich unterhalten)*	57
discutere *(diskutieren)*	59
disdire *(absagen)*	25
disegnare *(zeichnen)*	3
disfare *(auspacken, auseinander nehmen)*	28
disgiungere *(trennen)*	73
disilludere *(ernüchtern)*	20
disinvestire *(flüssig machen)*	101
dislocare *(versetzen)*	7
disobbligare *(entbinden)*	11
disparire *(verschwinden)*	102
disperare + E *(verzweifeln)*	3
disperdere *(zerstreuen)*	80
dispergere *(zerstreuen)*	62
dispiacere + E *(leidtun)*	33
disporre *(anordnen)*	34
dissecare *(sezieren)*	7
disseccare *(ausdörren)*	7
dissentire *(nicht übereinstimmen)*	101
dissociare *(trennen)*	6
dissolvere *(auflösen)*	51
dissuadere *(ausreden)*	60
distaccare *(abtrennen)*	7
distanziare *(auseinander rücken)*	13
distendere *(lockern)*	83
distinguere *(unterscheiden)*	61
distogliere *(ablenken)*	21
distorcere *(verzerren)*	98
distrarre *(ablenken)*	44
distribuire *(verteilen)*	104
districare *(entwirren)*	7
distruggere *(zerstören)*	97
disturbare *(stören)*	3
disubbidire *(nicht gehorchen)*	104
disungere *(entfetten)*	72
disunire *(trennen)*	104
divagare *(abschweifen)*	11
divaricare *(spreizen)*	7
divenire + E *(werden)*	113
diventare + E *(werden)*	3
divergere *(-) p.p. (auseinander gehen)*	62

diversificare *(unterscheiden)*	7
divertire *(amüsieren)*	101
dividere *(aufteilen)*	87
divorziare *(sich scheiden lassen)*	13
divulgare *(verbreiten)*	11
dolere *(wehtun)*	26
dolersi + E *(bedauern)*	26
domandare *(fragen)*	3
doppiare *(synchronisieren)*	13
dormicchiare *(schlummern)*	13
dormire *(schlafen)*	101
dovere *(müssen)*	27
dragare *(ausbaggern)*	11
drappeggiare *(drapieren)*	10
dubitare *(zweifeln)*	3
durare + E *(dauern)*	3

E

eccellere + E *(hervorstechen)*	57
echeggiare + A/E *(nachahmen/widerhallen)*	10
edificare *(errichten)*	7
educare *(erziehen)*	7
effondere + A/E *(gießen/strömen)*	70
eleggere *(wählen)*	76
elencare *(auflisten)*	7
elidere *(elidieren)*	87
eliminare *(beseitigen)*	3
elogiare *(loben)*	10
eludere *(umgehen)*	20
emergere + E *(auftauchen)*	62
emettere *(ausströmen)*	77
emigrare + A/E *(auswandern)*	3
empire *(füllen)*	109
entrare + E *(hineingehen)*	3
enunciare *(darlegen)*	6
equipaggiare *(ausrüsten)*	10
equivalere + A/E *(entsprechen)*	45
equivocare *(sich irren)*	7
ergere *(erheben)*	63
erigere *(errichten)*	64
erodere *(auswaschen)*	90
erogare *(liefern)*	11
erompere *(ausstoßen)*	91
esagerare *(übertreiben)*	3
esaudire *(erhören)*	104
esaurire *(erschöpfen)*	104
escludere *(ausschließen)*	20

eseguire *(ausführen)*	104/101
esemplificare *(am Beispiel erklären)*	7
esibire *(vorzeigen)*	104
esigere *(verlangen)*	84
esiliare *(verbannen)*	13
esimere (-) p.p. *(entbinden)*	15
esistere + E *(existieren)*	86
esitare *(zögern)*	3
esordire *(beginnen)*	104
espandere *(ausdehnen)*	65
espatriare + E *(auswandern)*	13
espellere *(ausstoßen)*	66
espiare *(büßen)*	5
esplicare *(ausüben)*	7
esplodere + A/E *(abfeuern/explodieren)*	90
esporre *(ausstellen)*	34
esprimere *(ausdrücken)*	67
essere *(sein)*	1
estasiare *(hinreißen)*	13
estendere *(erweitern)*	83
estinguere *(löschen)*	61
estorcere *(erpressen)*	98
estrarre *(ziehen)*	44
estroflettersi + E *(sich nach außen biegen)*	88
estromettere *(ausschließen)*	77
evadere + A/E *(hinterziehen/ausbrechen)*	75
evincere *(entnehmen)*	99
evitare *(vermeiden)*	3
evocare *(heraufbeschwören)*	7

F

fabbricare *(herstellen)*	7
falciare *(mähen)*	6
fallire + A/E *(verfehlen/scheitern)*	104
falsificare *(fälschen)*	7
fantasticare *(fantasieren)*	7
farcire *(füllen)*	104
fare *(machen)*	28
fasciare *(verbinden)*	9
faticare *(sich abmühen)*	7
favorire *(unterstützen)*	104
fendere *(spalten)*	83
ferire *(verletzen)*	104
fermare *(anhalten)*	3
festeggiare *(feiern)*	10
fiaccare *(schwächen)*	7
fiammeggiare *(glühen)*	10

fiancheggiare *(säumen)*	10
ficcare *(stecken)*	7
fidarsi + E *(trauen)*	3
figgere *(schlagen, stoßen)*	68
fingere *(vortäuschen)*	69
finire + A/E *(beenden/enden)*	104
fiorire *(blühen)*	104
firmare *(unterschreiben)*	3
fischiare *(pfeifen)*	13
flettere *(biegen)*	88
fluire + E *(fließen)*	104
fondare *(gründen)*	3
fondere *(schmelzen)*	70
forgiare *(schmieden)*	10
formare *(bilden)*	3
fornire *(liefern)*	104
fortificare *(stärken)*	7
forviare *(irreleiten)*	5
fotocopiare *(fotokopieren)*	13
fraintendere *(missverstehen)*	83
frammettere *(dazwischen schieben)*	77
frangere *(brechen)*	71
frapporre *(in den Weg legen)*	34
frastagliare *(zacken)*	14
fregare *(scheuern, hereinlegen)*	11
frenare *(bremsen)*	3
friggere *(frittieren)*	68
fronteggiare *(sich stellen)*	10
frugare *(durchsuchen)*	11
fuggire + A/E *(meiden/fliehen)*	101
fumare *(rauchen)*	3
fungere *(dienen)*	72
funzionare *(funktionieren)*	3
fuoriuscire *(entweichen)*	112
fuorviare *(irreleiten)*	5

G

galleggiare *(treiben)*	10
garantire *(garantieren)*	104
gareggiare *(wetteifern)*	10
gelare + A/E *(gefrieren lassen/gefrieren)*	3
genuflettersi + E *(niederknien)*	88
germogliare + A/E *(sprießen)*	14
gestire *(verwalten)*	104
ghiacciare + A/E *(vereisen/gefrieren)*	6
giacere *(liegen)*	33
giocare *(spielen)*	7

girare *(drehen)*	3
giudicare *(beurteilen)*	7
giungere + E *(ankommen)*	73
giurare *(schwören)*	3
giustificare *(rechtfertigen)*	7
giustiziare *(hinrichten)*	13
glorificare *(ehren)*	7
godere *(genießen)*	29
gonfiare + A/E *(aufpumpen/anschwellen)*	13
gorheggiare *(trällern)*	10
gorgogliare *(gluckern)*	14
gracchiare *(krächzen)*	13
gradire *(gern mögen)*	104
graffiare *(kratzen)*	13
grandeggiare *(hinausragen)*	10
grattugiare *(reiben)*	10
graziare *(begnadigen)*	13
gremire *(bevölkern)*	104
gridare *(schreien)*	3
grugnire *(grunzen)*	104
guadagnare *(verdienen)*	3
guardare *(ansehen)*	3
guarire + A/E *(heilen/gesund werden)*	104
guarnire *(schmücken)*	104
guerreggiare *(Krieg führen)*	10
guidare *(fahren)*	3

I

identificare *(identifizieren)*	7
illividire + A/E *(bläulich machen/blau anlaufen)*	104
illudere *(falsche Hoffnungen machen)*	20
imbarcare *(einschiffen)*	7
imbarcarsi + E *(an Bord gehen)*	7
imbastire *(heften)*	104
imbavagliare *(knebeln)*	14
imbeccare *(füttern)*	7
imbellire + A/E *(verschönern/schöner werden)*	104
imbestialire + A/E *(in Rage bringen/rasend werden)*	104
imbiancare *(weiß streichen/weiß werden)*	7
imbiondire + A/E *(blondieren/blond werden)*	104
imbizzarrire + E *(scheuen)*	104
imboccare *(füttern)*	7
imbonire *(für sich gewinnen)*	104
imborghesire + A/E *(verspießern)*	104

imboscare *(im Wald verstecken)*	7
imboschire + *A/E (aufforsten/sich bewalden)*	104
imbottigliare *(in Flaschen abfüllen)*	14
imbracciare *(schultern)*	6
imbrigliare *(zäumen)*	14
imbroccare *(erraten)*	7
imbrogliare *(betrügen)*	14
imbronciare + *E (schmollen)*	6
imbrunire + *E (dämmern)*	104
imbruttire + *A/E* *(hässlich machen/hässlich werden)*	104
imbucare *(einwerfen)*	7
imitare *(nachahmen)*	3
immaginare *(sich vorstellen)*	3
immergere *(eintauchen)*	62
immettere *(einführen)*	77
immischiare *(hineinziehen)*	13
immiserire + *A/E (verarmen lassen/verarmen)*	104
impaccare *(einpacken)*	7
impacciare *(behindern)*	6
impadronirsi + *E (sich aneignen)*	104
impagliare *(mit Stroh umwickeln)*	14
impallidire + *E (blass werden)*	104
imparare *(lernen)*	3
impartire *(erteilen)*	104
impaurire + *A/E (verängstigen/erschrecken)*	104
impazzire + *E (verrückt werden)*	104
impedire *(verhindern)*	104
impensierire *(beunruhigen)*	104
impermalire *(kränken)*	104
impiccare *(erhängen)*	7
impicciare *(stören)*	6
impiegare *(verwenden, brauchen)*	11
impietosire *(Mitleid erregen)*	104
impigliare *(verhaken)*	14
implicare *(mit sich bringen)*	7
implodere + *E (implodieren)*	90
impoltronire + *A/E* *(träge machen/träge werden)*	104
imporre *(auferlegen)*	34
importare + *A/E (importieren/wichtig sein)*	3
impoverire + *A/E (arm machen/verarmen)*	104
impratichire *(einarbeiten)*	104
imprecare *(fluchen)*	7
imprimere *(aufdrücken)*	67
imputridire + *A/E* *(schlecht werden lassen/verfaulen)*	104
inacidire + *A/E (verbittern/sauer werden)*	104
inarcare *(krümmen)*	7
inaridire + *A/E (austrocknen)*	104
inasprire + *A/E (verschärfen/sauer werden)*	104
incagliare + *A/E (behindern/auflaufen)*	14
incanutire + *A/E* *(ergrauen lassen/grau werden)*	104
incapricciarsi + *E (sich vernarren)*	6
incaricare *(beauftragen)*	7
incarnire + *E (einwachsen)*	104
incendiare *(anzünden)*	13
incenerire *(einäschern)*	104
incidere *(einschneiden, sich auswirken)*	87
incipriare *(pudern)*	13
includere *(einschließen)*	20
incombere (-) p.p. *(drohen)*	15
incominciare + *A/E (beginnen)*	6
incontrare *(treffen)*	3
incoraggiare *(ermutigen)*	10
incorniciare *(einrahmen)*	6
incorrere + *E (geraten)*	57
incrociare *(kreuzen)*	6
incrudelire + *A/E (verrohen)*	104
inculcare *(einschärfen)*	7
incuriosire *(neugierig machen)*	104
incutere *(einflößen)*	59
indagare *(ermitteln)*	11
indebolire + *A/E (schwächen/schwach werden)*	104
indicare *(zeigen)*	7
indietreggiare + *A/E (zurückweichen)*	10
indire *(einberufen)*	25
indispettire + *A/E (verärgern/sich ärgern)*	104
indisporre *(verstimmen)*	34
indiziare *(verdächtigen)*	13
indovinare *(erraten)*	3
indugiare *(zögern)*	10
indulgere *(nachgeben)*	74
indurire + *A/E (hart machen/sich verhärten)*	104
indurre *(veranlassen)*	23
industriarsi + *E (sich bemühen)*	13
inebriare *(berauschen)*	13
inerpicarsi + *E (sich hochschlängeln)*	7
infastidire *(belästigen)*	104
inferocire + *A/E* *(wütend machen/wütend werden)*	104
infiacchire + *A/E* *(schwächen/schwach werden)*	104

infierire *(wüten)*	104
infiggere *(hineinschlagen)*	68
infinocchiare *(übers Ohr hauen)*	13
infischiarsi + E *(pfeifen auf)*	13
infittire + A/E *(vermehren/dichter werden)*	104
infliggere *(auferlegen)*	68
influenzare *(beeinflussen)*	3
influire *(beeinflussen)*	104
infoltire + A/E *(verdichten/dichter werden)*	104
infondere *(einflößen)*	70
inforcare *(aufgabeln)*	7
informare *(informieren)*	3
informicolirsi + E *(einschlafen)*	104
inframmettere *(dazwischenstellen)*	77
infrangere *(zerbrechen)*	71
infuriare + A/E *(wütend machen/toben)*	13
ingabbiare *(in einen Käfig sperren)*	13
ingaggiare *(einstellen)*	10
ingannare *(betrügen)*	3
ingelosire + A/E *(eifersüchtig machen/eifersüchtig werden)*	104
ingerire *(einnehmen)*	104
inghiottire *(schlucken)*	104/101
ingiallire + A/E *(gelb färben/gelb werden)*	104
ingigantire + A/E *(aufbauschen/riesengroß werden)*	104
ingiungere *(anordnen)*	73
ingiuriare *(beleidigen)*	13
ingoiare *(verschlingen)*	13
ingorgarsi + E *(sich stauen)*	11
ingrandire *(vergrößern)*	104
ingrassare + A/E *(dick machen/zunehmen)*	3
ingraziarsi + E *(sich einschmeicheln)*	13
inibire *(hemmen)*	104
inimicarsi + E *(sich verfeinden)*	7
iniziare + A/E *(anfangen)*	13
innaffiare *(gießen)*	13
innamorarsi + E *(sich verlieben)*	3
innervosire *(nervös machen)*	104
innescare *(zünden)*	7
inorgoglire + A/E *(stolz machen/stolz sein)*	**106**
inorridire + A/E *(entsetzen)*	104
inquinare *(verschmutzen)*	3
inquisire *(ermitteln)*	104
inscrivere *(einbeschreiben)*	93
insediare *(in ein Amt einsetzen)*	13
insegnare *(unterrichten)*	3
inseguire *(verfolgen)*	101
inserire *(stecken)*	104
insidiare *(in einen Hinterhalt locken)*	13
insignire *(auszeichnen)*	104
insistere *(bestehen)*	86
insorgere + E *(sich auflehnen)*	94
insospettire + A/E *(argwöhnisch machen/Verdacht schöpfen)*	104
insudiciare *(beschmutzen)*	6
insultare *(beleidigen)*	3
insuperbire + A/E *(stolz machen/stolz werden)*	104
intaccare *(angreifen)*	7
intagliare *(schnitzen)*	14
intarsiare *(intarsieren)*	13
intascare *(einstecken)*	7
intendere *(verstehen, meinen)*	83
intenerire + A/E *(rühren/zart werden)*	104
intensificare *(verstärken)*	7
intercorrere + E *(dazwischen liegen)*	57
interdire *(verbieten)*	25
interessarsi + E *(sich interessieren)*	3
interferire *(sich einmischen)*	104
interporre *(in den Weg legen)*	34
interrogare *(befragen)*	11
interrompere *(unterbrechen)*	91
intervenire + E *(eingreifen)*	113
intimidire + A/E *(einschüchtern/schüchtern werden)*	104
intimorire *(Angst einjagen)*	104
intingere *(eintauchen)*	69
intonacare *(verputzen)*	7
intorpidire + A/E *(gefühllos machen/einschlafen)*	104
intossicare *(vergiften)*	7
intralciare *(behindern)*	6
intraprendere *(unternehmen)*	83
intrattenere *(unterhalten)*	43
intrav(v)edere *(erblicken)*	46
intrecciare *(flechten)*	6
intrigare *(intrigieren)*	11
introdurre *(einführen)*	23
intromettersi + E *(sich einmischen)*	77
intuire *(erahnen)*	104
invadere *(einfallen)*	**75**
invaghirsi + E *(sich verlieben)*	104
invecchiare + A/E *(alt machen/alt werden)*	13

inveire *(wettern)*	104
inventare *(erfinden)*	3
invertire *(umkehren)*	101
investigare *(untersuchen)*	11
investire *(anfahren, investieren)*	101
inviare *(senden)*	5
invidiare *(beneiden)*	13
invigorire + A/E *(kräftigen / kräftiger werden)*	104
invitare *(einladen)*	3
invocare *(anflehen)*	7
invogliare *(anregen)*	14
ipotecare *(mit einer Hypothek belasten)*	7
irradiare + A/E *(ausstrahlen / ausgehen)*	13
irretire *(umgarnen)*	104
irridere *(verspotten)*	87
irrigare *(bewässern)*	11
irrigidire + A/E *(steif machen / steif werden)*	104
irrompere + E *(eindringen)*	91
iscrivere *(anmelden)*	93
istigare *(anstiften)*	11
istituire *(gründen)*	104
istruire *(lehren)*	104

L

lambiccarsi + E *(nachgrübeln)*	7
lambire *(ablecken)*	104
lamentarsi + E *(sich beklagen)*	3
lampeggiare + A/E *(leuchten, aufblenden / blitzen)*	10
lanciare *(werfen)*	6
languire *(schmachten)*	104 / 101
largheggiare *(großzügig sein)*	10
lasciare *(lassen)*	9
lastricare *(pflastern)*	7
lavare *(waschen)*	3
lavorare *(arbeiten)*	3
leccare *(lecken)*	7
ledere *(schaden)*	80
legare *(anbinden)*	11
leggere *(lesen)*	76
lenire *(lindern)*	104
levare *(hochheben, wegtun)*	3
levigare *(schleifen)*	11
liberare *(befreien)*	3
licenziare *(entlassen)*	13
limitare *(begrenzen)*	3
linciare *(lynchen)*	6

lisciare *(glätten)*	9
litigare *(streiten)*	11
lottare *(kämpfen)*	3
lubrificare *(schmieren)*	7
luccicare *(glänzen)*	7
lusingare *(schmeicheln)*	11
lussureggiare *(reich sein an)*	10

M

macchiare *(bekleckern)*	13
magnificare *(verherrlichen)*	7
maledire *(verfluchen)*	25
mancare + A/E *(verpassen / fehlen)*	7
mandare *(schicken)*	3
maneggiare *(umgehen)*	10
mangiare *(essen)*	10
manomettere *(aufbrechen)*	78
mantenere *(aufrechterhalten)*	43
marcare *(kennzeichnen)*	7
marchiare *(kennzeichnen)*	13
marciare *(marschieren)*	6
marcire + E *(verfaulen)*	104
massaggiare *(massieren)*	10
masticare *(kauen)*	7
mediare *(vermitteln)*	13
mendicare *(betteln)*	7
mentire *(lügen)*	101 / 104
meravigliare *(verwundern)*	14
mercanteggiare *(feilschen)*	10
meritare *(verdienen)*	3
mescere p.p.: mesciuto *(einschenken)*	15
mettere *(stellen, legen, setzen)*	77
minacciare *(bedrohen)*	6
mistificare *(verfälschen)*	7
misurare *(messen)*	3
mitigare *(mildern)*	11
modificare *(umändern)*	7
moltiplicare *(multiplizieren)*	7
montare + A/E *(aufbauen / steigen)*	3
mordere *(beißen)*	78
morire + E *(sterben)*	107
morsicare *(beißen)*	7
mostrare *(zeigen)*	3
muggire *(muhen)*	104
mungere *(melken)*	72
munire *(ausrüsten)*	104
muovere *(bewegen)*	30

N

nascere + E (geboren werden)	79
nascondere (verstecken)	89
naufragare + A/E (Schiffbruch erleiden)	11
navigare (fahren, segeln)	11
negare (leugnen)	11
negoziare (verhandeln)	13
nevicare + A/E, verbo imp. (schneien)	7
nidificare (nisten)	7
nitrire (wiehern)	104
noleggiare (mieten, vermieten)	10
notificare (mitteilen)	7
nuocere (schaden)	31
nuotare (schwimmen)	3
nutrire (ernähren)	101/104

O

obbligare (verpflichten)	11
obliare (vergessen)	5
occhieggiare (liebäugeln mit)	10
occludere (verstopfen)	20
occorrere + E (benötigt werden)	57
occuparsi + E (sich kümmern)	3
odiare (hassen)	13
offendere (beleidigen)	83
offrire (anbieten)	108
offuscare (verdunkeln)	7
oliare (ölen)	13
oltraggiare (schwer beleidigen)	10
ombreggiare (beschatten)	10
omettere (auslassen)	77
omologare (vereinheitlichen)	11
ondeggiare (schwanken)	10
opporre (entgegensetzen)	34
opprimere (belasten, unterdrücken)	67
ordinare (bestellen)	3
ordire (anzetteln)	104
organizzare (organisieren)	3
origliare (lauschen)	14
ormeggiare (festmachen)	10
osare (es wagen)	3
ospitare (beherbergen)	3
osteggiare (bekämpfen)	10
ostruire (verstopfen)	104
ottenere (erreichen)	43
ovviare (entgegentreten)	5
oziare (faulenzen)	13

P

pacificare (versöhnen)	7
padroneggiare (beherrschen)	10
pagare (zahlen)	11
palleggiare (dribbeln)	10
paragonare (vergleichen)	3
parcheggiare (parken)	10
pareggiare (unentschieden spielen)	10
parere + E (scheinen)	32
parificare (gleichstellen)	7
parlare (sprechen)	3
parteggiare (Partei ergreifen)	10
partire + E (abreisen)	101
partorire (gebären)	104
passare + A/E (verbringen, geben/vorbeigehen)	3
passeggiare (spazieren gehen)	10
pasticciare (verpfuschen)	6
patire (leiden)	104
patteggiare (verhandeln)	10
pattuire (vereinbaren)	104
peccare (sündigen)	7
peggiorare + A/E (verschlechtern/sich verschlimmern)	3
pensare (denken)	3
pentirsi + E (es bereuen)	101
percepire (wahrnehmen)	104
percorrere (entlangfahren)	57
percuotere (schlagen)	39
perdere (verlieren)	80
perire + E (umkommen)	104
permanere + E (-) p.p. (bleiben)	36
permettere (erlauben)	77
perquisire (durchsuchen)	104
perseguire (verfolgen)	101
persistere (beharren)	86
persuadere (überzeugen)	60
pervadere (erfüllen)	75
pervenire + E (eintreffen)	113
pesare (wiegen)	3
pescare (fischen, angeln)	7
pettinarsi + E (sich kämmen)	3
piacere + E (gefallen)	33
piangere (weinen)	81
pianificare (planen)	7
piccarsi + E (sich einbilden)	7
picchiare (verprügeln)	13

piegare *(falten)*	11
pietrificare *(erstarren lassen)*	7
pigiare *(drücken)*	10
pigliare *(nehmen)*	14
piluccare *(knabbern)*	7
piovere + A/E, verbo imp. *(regnen)*	82
pisciare *(pinkeln)*	9
pizzicare *(zwicken)*	7
placare *(beruhigen)*	7
placcare *(vergolden)*	7
plagiare *(plagiieren)*	10
poggiare *(stellen, ablegen)*	10
poltrire *(faulenzen)*	104
pontificare *(das Pontifikalamt zelebrieren)*	7
porgere *(reichen)*	94
porre *(legen, stellen)*	34
portare *(tragen, bringen)*	3
posporre *(verschieben)*	34
possedere *(besitzen)*	40
posteggiare *(parken)*	10
potere *(können, dürfen)*	35
pranzare *(zu Mittag essen)*	3
praticare *(ausüben)*	7
preavvertire *(im Voraus benachrichtigen)*	101
precedere *(vorangehen)*	16
precidere *(abschneiden)*	87
precludere *(versperren)*	20
precorrere *(zuvorkommen)*	57
predicare *(predigen)*	7
prediligere *(bevorzugen)*	64
predire *(voraussagen)*	25
predisporre *(vorbereiten)*	34
preesistere + E *(vorher bestehen)*	86
preferire *(vorziehen)*	104
prefiggere *(festsetzen)*	49
pregare *(beten, bitten)*	11
preludere *(ankündigen)*	20
premiare *(auszeichnen)*	13
premunire *(schützen)*	104
prendere *(nehmen)*	83
prenotare *(buchen, reservieren)*	3
preoccuparsi + E *(sich Sorgen machen)*	3
preparare *(vorbereiten)*	3
presagire *(vorhersehen)*	104
prescindere *(absehen)*	92
prescrivere *(vorschreiben)*	93
presentire *(vorausahnen)*	101
prestare *(ausleihen)*	3
presumere *(annehmen)*	52
presupporre *(voraussetzen)*	34
pretendere *(verlangen)*	83
prevalere + A/E *(überwiegen)*	45
prevedere *(voraussehen)*	46
prevenire + E *(vorbeugen)*	113
primeggiare *(führend sein)*	10
privilegiare *(privilegieren)*	10
prodigare *(verschwenden)*	11
produrre *(produzieren)*	23
proferire *(aussprechen)*	104
profondere *(austeilen)*	70
progredire + A/E *(Fortschritte machen)*	104
proibire *(verbieten)*	104
prolungare *(verlängern)*	11
promettere *(versprechen)*	77
promulgare *(erlassen)*	11
promuovere *(versetzen, befördern)*	30
pronosticare *(voraussagen)*	7
pronunciare *(aussprechen)*	6
pronunziare *(aussprechen)*	13
propagare *(verbreiten)*	11
propendere *(neigen)*	83
proporre *(vorschlagen)*	34
prorogare *(verschieben)*	11
prorompere *(ausbrechen)*	91
prosciogliere *(freisprechen)*	21
prosciugare *(trockenlegen)*	11
proseguire + A/E *(fortsetzen/andauern)*	101
prostituire *(prostituieren)*	104
proteggere *(schützen)*	76
protendere *(ausstrecken)*	83
protrarre *(hinausziehen)*	44
provare *(versuchen, empfinden)*	3
provenire + E *(stammen)*	113
provocare *(provozieren)*	7
provvedere *(sorgen)*	46
pubblicare *(veröffentlichen)*	7
pulire *(putzen)*	104
pungere *(stechen)*	72
punire *(bestrafen)*	104
punzecchiare *(stechen)*	13
purgare *(ein Abführmittel geben)*	11
purificare *(reinigen)*	7
putrefare *(verderben)*	28
puzzare *(stinken)*	3

Q

quadruplicare *(vervierfachen)* 7
qualificare *(bezeichnen)* 7

R

rabbrividire + E *(erschauern)* 104
rabbuiarsi + E *(dunkel werden)* 13
racchiudere *(enthalten)*.................... 20
raccogliere *(aufheben, sammeln)* 21
raccomandare *(empfehlen)* 3
raccontare *(erzählen)*....................... 3
raccorciare *(kürzen)* 6
raddolcire *(süßen)* 104
radere *(rasieren)* 75
radiare *(streichen)* 13
radicare + E *(Wurzeln schlagen)*............. 7
raffreddarsi + E *(sich abkühlen, sich erkälten)* 3
raggiungere *(erreichen)*.................... 73
raggrinzire + A / E
 (runzlig machen / runzlig werden) 104
ragionare *(nachdenken)* 3
ragliare *(iahen)*............................ 14
rallentare *(langsamer fahren)*............... 3
rammaricarsi + E *(bedauern)* 7
rammollire + A / E *(erweichen / weich werden)*. 104
rannicchiarsi + E *(sich zusammenkauern)* 13
rapire *(entführen)*.......................... 104
rapprendersi + E *(gerinnen)* 83
rappresentare *(darstellen)*.................. 3
rarefare *(verdünnen)* 28
raschiare *(abkratzen)*....................... 13
rassomigliare *(ähneln)*...................... 14
rattrapire *(verkrampfen)* 104
ravvedersi + E,
 p.p. nur regelmäßig *(sein Unrecht einsehen)*. 46
ravviare *(aufräumen)* 5
ravvolgere *(einwickeln)* 100
razziare *(plündern)* 5
reagire *(reagieren)* 104
realizzare *(verwirklichen)*................... 3
recare *(bereiten)* 7
recidere *(abschneiden)*..................... 87
recingere *(umgeben)* 69
recludere *(einsperren)* 20
redarguire *(tadeln)*......................... 104
redigere *(aufsetzen)*........................ 84
redimere *(befreien)*......................... 85

reggere *(festhalten, aushalten)*.............. 76
registrare *(aufnehmen)* 3
regredire *(nachlassen)* 104
relegare *(verbannen)* 11
rendere *(zurückgeben, leisten)* 83
repellere *(abstoßen)* 66
replicare *(erwidern)* 7
reprimere *(unterdrücken)*................... 67
requisire *(beschlagnahmen)* 104
resistere *(widerstehen)* 86
respingere *(abweisen)* 69
respirare *(atmen)* 3
restare + E *(bleiben)* 3
restituire *(zurückgeben)* 104
restringere *(enger machen)*................. 96
retrarre *(zurückziehen)* 44
retribuire *(entlohnen)* 104
retrocedere + A / E
 (degradieren / zurückweichen).............. 54
rettificare *(begradigen)* 7
revocare *(widerrufen)*...................... 7
riandare + A / E, pres.: rivà *(wieder gehen)* ... 4
riaprire *(wieder öffnen)* 103
riardere + A / E
 (wieder entfachen / sich wieder entzünden) .. 50
riassumere *(zusammenfassen)* 52
riavere *(zurückbekommen)* 2
ribadire *(bekräftigen)*....................... 104
ribollire *(wieder aufkochen)* 101
ricadere + E *(wieder hinfallen)* 18
ricalcare *(durchpausen)* 7
richiedere *(wieder fragen, erfordern)* 19
richiudere *(wieder schließen)* 20
riconciliare *(wieder versöhnen)* 13
ricondurre *(zurückbringen)* 23
riconoscere *(erkennen)* 55
ricoprire *(bedecken)* 103
ricordarsi + E *(sich erinnern)* 3
ricorrere + A / E
 (noch einmal laufen / wiederkehren) 57
ricostruire *(wieder aufbauen)*................ 104
ricucire *(zunähen)* 105
ridacchiare *(kichern)* 13
ridare pres.: ridò *(zurückgeben)* 8
ridere *(lachen)*............................. 87
ridire *(noch einmal sagen)* 25
ridurre *(verringern)* 23

riempire *(füllen)*	109
riepilogare *(zusammenfassen)*	11
rifare *(noch einmal machen)*	28
riferire *(berichten)*	104
rifinire *(fein bearbeiten)*	104
rifiutare *(ablehnen)*	3
riflettere *(widerspiegeln, nachdenken)*	88
rifondere *(vergüten)*	70
rifornire *(versorgen)*	104
rifrangere *(brechen)*	71
rifriggere *(wieder aufbraten)*	68
rifuggire *(wieder flüchten)*	101
rifugiarsi + E *(flüchten)*	10
rigare *(Linien ziehen auf)*	11
rilanciare *(wieder werfen)*	6
rilasciare *(ausstellen)*	9
rilassarsi + E *(sich entspannen)*	3
rilegare *(binden)*	11
rileggere *(wieder lesen)*	76
rimandare *(zurückschicken, verschieben)*	3
rimanere + E *(bleiben)*	36
rimbambire + E *(verblöden)*	104
rimboccare *(hochkrempeln)*	7
rimediare *(wieder gutmachen)*	13
rimettere *(zurückstellen)*	77
rimorchiare *(abschleppen)*	13
rimordere *(quälen)*	78
rimpatriare + E *(in die Heimat zurückkehren)*	13
rimpiangere *(nachtrauern)*	81
rimproverare *(vorwerfen)*	3
rimuovere *(beseitigen)*	30
rinascere *(wieder geboren werden)*	79
rinchiudere *(einsperren)*	20
rincorrere + E *(nachlaufen)*	57
rincrescere + E *(leidtun)*	58
rincrudire + A/E *(verschärfen/sich verschlimmern)*	104
rinfacciare *(vorwerfen)*	6
rinfrancare *(aufmuntern)*	7
rinfrescare + A/E *(abkühlen/kühler werden)*	7
ringhiare *(knurren)*	13
ringiovanire + A/E *(jünger machen/jünger werden)*	104
ringraziare *(danken)*	13
rinnegare *(verleugnen)*	11
rinsavire + E *(vernünftig werden)*	104
rintoccare + A/E *(läuten)*	7
rintracciare *(ausfindig machen)*	6
rinunciare *(verzichten)*	6
rinunziare *(verzichten)*	13
rinvenire + A/E *(auffinden/wieder zu sich kommen)*	113
rinviare *(verschieben)*	5
rinvigorire + A/E *(stärken/wieder zu Kräften kommen)*	104
ripagare *(belohnen)*	11
riparare *(schützen, reparieren)*	3
ripartire + A/E *(aufteilen/wieder abreisen)*	104/101
ripercuotersi + E *(sich auswirken)*	39
ripescare *(aufstöbern)*	7
ripetere *(wiederholen)*	15
ripiegare *(zusammenfalten)*	11
riporre *(wieder stellen, wieder legen)*	34
riposare *(ausruhen)*	3
riprendere *(wieder nehmen, fortsetzen)*	83
riprodurre *(reproduzieren)*	23
ripromettersi + E *(sich vornehmen)*	77
riproporsi + E *(sich wiederholen)*	34
ripudiare *(verstoßen)*	13
ripulire *(wieder sauber machen)*	104
risalire + A/E *(wieder hinaufgehen)*	110
risapere pres.: risò, risà *(erfahren)*	37
risarcire *(entschädigen)*	104
rischiare *(riskieren)*	13
riscuotere *(erzielen)*	39
risentire *(leiden)*	101
riservare *(reservieren)*	3
risolvere *(lösen)*	51
risorgere + E *(wieder aufleben)*	94
risparmiare *(sparen)*	13
risplendere + E *(strahlen)*	83
rispondere *(antworten)*	89
ristabilire *(wiederherstellen)*	104
ritagliare *(ausschneiden)*	14
ritardare *(sich verspäten)*	3
ritenere *(glauben)*	43
ritoccare *(nachbessern)*	7
ritorcere *(zurückgeben)*	98
ritornare + E *(zurückkommen)*	3
ritrarre *(darstellen)*	44
riunire *(versammeln)*	104
riuscire + E *(es schaffen)*	112
rivalersi + E *(wieder in Anspruch nehmen)*	45

rivangare *(wieder aufführen)*	11
rivedere *(wieder sehen)*	46
rivendicare *(fordern)*	7
riverire *(achten)*	104
rivestire *(verkleiden)*	101
rivivere + E *(wieder lebendig werden)*	47
rivolgere *(richten)*	100
rodere *(nagen)*	90
rompere *(zerbrechen)*	91
rosicchiare *(knabbern an)*	13
rovesciare *(verschütten, umwerfen)*	9
rovinare *(ruinieren)*	3
rubare *(stehlen)*	3
ruggire *(brüllen)*	104
rumoreggiare *(toben)*	10
russare *(schnarchen)*	3

S

saccheggiare *(plündern)*	10
sacrificare *(opfern)*	7
saggiare *(prüfen)*	10
salire + E *(hochgehen, einsteigen)*	110
saltare + A/E *(springen)*	3
salvare *(retten)*	3
sancire *(bestätigen)*	104
sanificare *(pasteurisieren)*	7
sapere *(wissen, erfahren, können)*	37
saziare *(sättigen)*	13
sbadigliare *(gähnen)*	14
sbagliare *(einen Fehler machen)*	14
sbalordire *(verblüffen)*	104
sbaragliare *(besiegen)*	14
sbarcare + A/E *(aussteigen lassen/an Land gehen)*	7
sbiadire + A/E *(ausbleichen)*	104
sbiancare + A/E *(bleichen/erblassen)*	7
sbigottire + A/E *(erschüttern/bestürzt sein)*	104
sbilanciare *(aus dem Gleichgewicht bringen)*	6
sbizzarrirsi + E *(sich austoben)*	104
sbloccare *(freigeben)*	7
sboccare + A/E *(abgießen/münden)*	7
sbocciare + E *(aufblühen)*	6
sbollire + A/E *(nicht mehr kochen/nachlassen)*	101/104
sbrigare *(erledigen)*	11
sbrigarsi + E *(sich beeilen)*	11
sbrogliare *(entwirren)*	14
sbucare + E *(auftauchen)*	7
sbucciare *(schälen)*	6
scacciare *(wegjagen)*	6
scadere + E *(ablaufen)*	18
scagliare *(schleudern)*	14
scaldare *(wärmen)*	3
scalfire *(schürfen)*	104
scambiare *(verwechseln)*	13
scandagliare *(loten)*	14
scandire *(deutlich aussprechen)*	104
scarabocchiare *(kritzeln)*	13
scaricare *(ausladen)*	7
scarseggiare *(knapp sein)*	10
scaturire + E *(entspringen)*	104
scavalcare *(klettern über)*	7
scegliere *(auswählen)*	38
scendere + E *(hinuntergehen, aussteigen, sinken)*	83
sceneggiare *(in ein Drehbuch umarbeiten)*	10
schernire *(verhöhnen)*	104
scherzare *(Spaß machen)*	3
schiacciare *(zerdrücken)*	6
schiaffeggiare *(ohrfeigen)*	10
schiarire + A/E *(aufhellen/sich aufhellen)*	104
schioccare *(schnalzen mit)*	7
schiudere *(leicht öffnen)*	20
sciare *(Ski laufen)*	5
scindere *(trennen)*	92
scioccare *(schockieren)*	7
sciogliere *(auflösen)*	21
scivolare + E *(rutschen)*	3
scoccare + A/E *(schlagen)*	7
scocciare *(nerven)*	6
scolorire + A/E *(ausbleichen)*	104
scolpire *(meißeln)*	104
scommettere *(wetten)*	77
scomparire + E *(verschwinden)*	102
scompigliare *(zerzausen)*	14
scomporre *(durcheinander bringen)*	34
scomunicare *(exkommunizieren)*	7
sconfiggere *(besiegen)*	68
scongiungere *(trennen)*	73
sconnettere *(faseln)*	88
sconsigliare *(abraten)*	14
scontorcersi + E *(sich krümmen)*	98
sconvenire + E *(sich nicht schicken)*	113
sconvolgere *(erschüttern)*	100

scoperchiare *(abdecken)*	13
scoppiare + *E (platzen)*	13
scoprire *(entdecken)*	103
scoraggiare *(entmutigen)*	10
scorgere *(erblicken)*	94
scorrere + *A/E (durchblättern/fließen)*	57
scorticare *(aufschürfen)*	7
screziare *(besprenkeln)*	13
scrivere *(schreiben)*	93
scrosciare + *A/E (prasseln)*	9
scucire *(auftrennen)*	105
scuocere *(verkochen)*	24
scuotere *(schütteln)*	39
scusarsi + *E (sich entschuldigen)*	3
sdoppiare *(aufteilen)*	13
sdraiarsi + *E (sich hinlegen)*	13
seccare + *A/E (trocknen)*	7
sedere *(sitzen)*	40
sedurre *(verführen)*	23
segare *(sägen)*	11
segregare *(isolieren)*	11
seguire + *A/E (folgen)*	101
sembrare + *E (scheinen)*	3
semplificare *(vereinfachen)*	7
sentenziare *(verhängen)*	13
sentire *(hören)*	101
separare *(trennen)*	3
seppellire *(begraben)*	104
serpeggiare *(sich schlängeln)*	10
servire + *A/E (bedienen/nützen)*	101
seviziare *(misshandeln)*	13
sfare *(auseinander nehmen)*	28
sfasciare *(den Verband abnehmen von)*	9
sfidare *(herausfordern)*	3
sfiorire + *E (verwelken)*	104
sfociare + *E (münden)*	6
sfogare + *A/E (auslassen/entweichen)*	11
sfoggiare *(prunken)*	10
sfogliare *(durchblättern)*	14
sfrecciare + *E (vorbeischießen)*	6
sfregiare *(verunstalten)*	10
sfruttare *(ausnutzen)*	3
sfuggire + *A/E (meiden/entwischen)*	101
sganasciarsi + *E (sich die Kinnlade ausrenken)*	9
sganciare *(abhängen)*	6
sgonfiare + *A/E* *(Luft ablassen aus/abschwellen)*	13
sgorgare + *E (sprudeln)*	11
sgranchirsi + *E (sich die Beine vertreten)*	104
sgranocchiare *(knabbern)*	13
sgualcire *(zerknittern)*	104
sguinzagliare *(von der Leine lassen)*	14
sgusciare *(enthülsen)*	9
significare *(bedeuten)*	7
simboleggiare *(symbolisieren)*	10
slacciare *(aufbinden)*	6
slanciarsi + *E (sich stürzen)*	6
slegare *(aufbinden)*	11
slogare *(sich verstauchen)*	11
sloggiare *(vertreiben)*	10
smacchiare *(die Flecken entfernen aus)*	13
smagliare *(Laufmaschen machen in)*	14
smaltire *(aufbrauchen)*	104
smarrire *(verlieren)*	104
smerciare *(absetzen)*	6
sminuire *(herabsetzen)*	104
smuovere *(verrücken)*	30
snellire *(schlank machen)*	104
sobbarcarsi + *E (sich aufbürden)*	7
sobbollire *(köcheln)*	101
socchiudere *(anlehnen)*	20
soccorrere *(zu Hilfe kommen)*	57
soddisfare *(zufrieden stellen)*	28
soffiare *(blasen)*	13
soffocare + *A/E (ersticken)*	7
soffondere *(färben)*	70
soffriggere *(anbraten)*	68
soffrire *(leiden)*	108
sofisticare *(panschen)*	7
soggiacere + *E (unterliegen)*	33
soggiungere *(hinzufügen)*	73
sognare *(träumen)*	3
solidificare + *A/E* *(fest werden lassen/erstarren)*	7
solleticare *(anregen)*	7
somigliare *(ähneln)*	14
sommergere *(überschwemmen)*	62
sommuovere *(aufhetzen)*	30
sonnecchiare *(dösen)*	13
sopportare *(ertragen)*	3
sopprimere *(abschaffen)*	67
sopraffare *(überwältigen)*	28
sopraggiungere + *E (auftauchen)*	73
soprassedere *(aufschieben)*	40

sopravvenire + *E (plötzlich auftreten)*	113
sopravvivere + *E (überleben)*	47
soprintendere *(vorstehen)*	83
sorbire *(schlürfen)*	104
sorgere + *E (aufgehen)*	94
sorpassare *(überholen)*	3
sorprendere *(überraschen)*	83
sorreggere *(stützen)*	76
sorridere *(lächeln)*	87
sorseggiare *(in kleinen Schlucken trinken)*	10
sorteggiare *(auslosen)*	10
sorvegliare *(überwachen)*	14
sospendere *(aussetzen)*	83
sospingere *(treiben zu)*	69
sostenere *(stützen, behaupten)*	43
sostituire *(auswechseln, ersetzen)*	104
sottacere *(verschweigen)*	42
sottendere *(mit sich bringen)*	83
sottintendere *(durchblicken lassen)*	83
sottoesporre *(unterbelichten)*	34
sottomettere *(unterwerfen)*	77
sottoporre *(unterziehen)*	34
sottoscrivere *(unterzeichnen)*	93
sottostare + *E (unterstehen)*	12
sottrarre *(entziehen)*	44
sovraccaricare *(überladen)*	7
sovraesporre *(überbelichten)*	34
sovraimporre *(Steuerzuschläge erheben)*	34
sovraintendere *(vorstehen)*	83
sovrapporre *(übereinander legen)*	34
sovrimporre *(Steuerzuschläge erheben)*	34
sovrintendere *(vorstehen)*	83
sovvenire + *A/E* (helfen/in den Sinn kommen)	113
sovvertire *(umstürzen)*	101
spaccare *(zerbrechen)*	7
spacciare *(in Umlauf bringen)*	6
spalancare *(aufsperren)*	7
spandere *(ausbreiten)*	65
sparecchiare *(den Tisch abräumen)*	13
spargere *(ausstreuen)*	95
sparire + *E (verschwinden)*	104
sparpagliare *(verstreuen)*	14
spartire *(aufteilen)*	104
spaventare *(erschrecken)*	3
spazientirsi + *E (die Geduld verlieren)*	104
specchiarsi + *E (in den Spiegel sehen)*	13
specificare *(genauer angeben)*	7
spedire *(schicken)*	104
spegnere *(ausmachen)*	41
spendere *(ausgeben)*	83
sperare *(hoffen)*	3
spiacere + *E (leidtun)*	33
spiare *(bespitzeln)*	5
spiccare *(hervorstechen)*	7
spicciare *(erledigen)*	6
spiegare *(erklären)*	11
spingere *(schieben)*	69
splendere *(strahlen)*	83
spogliare *(ausziehen)*	14
sporcare *(schmutzig machen)*	7
sporgere + *A/E* (hinausstrecken/herausragen)	94
sposare *(heiraten)*	3
sprecare *(verschwenden)*	7
sprovvedere fut. + cond. regelmäßig (alle nötigen Mittel entziehen)	46
spurgare *(ausspülen)*	11
sputare *(spucken)*	3
squagliarsi + *E* (schmelzen, sich davonmachen)	14
squalificare *(disqualifizieren)*	7
squittire *(quieken)*	104
sradicare *(entwurzeln)*	7
stabilire *(festlegen)*	104
staccare *(abtrennen)*	7
stagliarsi + *E (sich abheben)*	14
stampare *(drucken)*	3
stancare *(ermüden)*	7
stanziare *(bereitstellen)*	13
stare + *E (sein, bleiben)*	12
starnutire *(niesen)*	104
stendere *(ausstrecken)*	83
stimare *(schätzen)*	3
stingere *(bleichen)*	69
stirare *(bügeln)*	3
stizzirsi + *E (sich ärgern)*	104
storcere *(verbiegen)*	98
stordire *(benommen machen)*	104
stormire *(rascheln)*	104
storpiare *(verkrüppeln)*	13
strabenedire *(vieltausendmal segnen)*	25
stracciare *(zerreißen)*	6
stracuocere *(zu lange kochen)*	24

strafare *(übertreiben)*	28
stragodere *(sich freuen wie ein Schneekönig)*	29
stralciare *(streichen)*	6
stramaledire *(in Grund und Boden verfluchen)*	25
straperdere *(viel Geld verlieren)*	80
strappare *(zerreißen)*	3
strascicare *(nachschleifen)*	7
stravedere *(abgöttisch lieben)*	46
stravincere *(haushoch gewinnen)*	99
stravolere *(zu viel wollen)*	48
stravolgere *(verdrehen)*	100
straziare *(quälen)*	13
stregare *(verhexen)*	11
stringere *(drücken)*	96
strisciare *(schleifen)*	9
stroncare *(abreißen)*	7
stropicciare *(zerknautschen)*	6
struggere *(aufzehren)*	97
stuccare *(verputzen)*	7
studiare *(lernen, studieren)*	13
stupefare *(erstaunen)*	28
stupire + A/E *(erstaunen/staunen)*	104
stuzzicare *(reizen)*	7
subire *(erleiden)*	104
succedere + E *(geschehen)*	54
succhiare *(saugen)*	13
succingere *(hochschürzen)*	69
sudare *(schwitzen)*	3
suddividere *(aufteilen)*	87
suggerire *(empfehlen)*	104
suonare *(spielen)*	3
supplicare *(anflehen)*	7
supplire *(vertreten)*	104
supporre *(vermuten)*	34
susseguire *(folgen)*	101
sussistere + E *(bestehen)*	86
svagare *(ablenken)*	11
svaligiare *(ausrauben)*	10
svanire + E *(verschwinden)*	104
svegliare *(wecken)*	14
svenire + E *(ohnmächtig werden)*	113
svestire *(ausziehen)*	101
sviare *(ablenken)*	5
svilire *(heruntermachen)*	104
sviluppare *(entwickeln)*	3
svolgere *(ausführen)*	100

T

tacere *(schweigen)*	42
tagliare *(schneiden)*	14
taglieggiare *(erpressen)*	10
tartagliare *(stottern)*	14
telefonare *(telefonieren)*	3
temporeggiare *(Zeit gewinnen)*	10
tendere *(spannen, neigen zu)*	83
tenere *(halten)*	43
tentare *(versuchen)*	3
terminare + A/E *(beenden/enden)*	3
testimoniare *(bezeugen)*	13
timbrare *(abstempeln)*	3
tingere *(färben)*	69
tiranneggiare *(tyrannisieren)*	10
tirare *(ziehen, werfen)*	3
toccare + A/E *(berühren/an der Reihe sein)*	7
togliere *(wegräumen)*	21
tonificare *(stärken)*	7
torcere *(verdrehen)*	98
torchiare *(pressen)*	13
tornare + E *(zurückkehren)*	3
torrefare *(rösten)*	28
tossire *(husten)*	104
traboccare + A/E *(überlaufen)*	7
tracciare *(abstecken)*	6
tradire *(verraten, betrügen)*	104
tradurre *(übersetzen)*	23
trafficare *(handeln)*	7
trafiggere *(durchbohren)*	68
trafugare *(entwenden)*	11
tralasciare *(auslassen)*	9
tramettere *(dazwischenstellen)*	78
tramortire + A/E *(bewusstlos machen/ohnmächtig werden)*	104
trangugiare *(hinunterschlingen)*	10
transigere *(nachgeben)*	84
trarre *(ziehen, entnehmen)*	44
trasalire + A/E *(zusammenfahren)*	104
trascendere *(zu weit gehen)*	83
trascorrere + A/E *(verbringen/vergehen)*	57
trascrivere *(abschreiben)*	93
trascurare *(vernachlässigen)*	3
trasferire *(versetzen)*	104
trasfondere *(übertragen)*	70
trasformare *(verwandeln)*	3

trasgredire *(übertreten)*	104
traslocare *(umziehen)*	7
trasmettere *(übertragen)*	77
trasparire + E *(durchscheinen)*	102
trasporre *(umsetzen)*	34
trasportare *(transportieren)*	3
trattare *(behandeln)*	3
tratteggiare *(stricheln)*	10
trattenere *(aufhalten, zurückhalten)*	43
travagliare *(plagen)*	14
travestire *(verkleiden)*	101
traviare *(auf Abwege führen)*	5
travolgere *(überfahren, überwältigen)*	100
trebbiare *(dreschen)*	13
tremare *(zittern)*	3
trinciare *(tranchieren)*	6
triplicare *(verdreifachen)*	7
troncare *(abschlagen)*	7
troneggiare *(thronen)*	10
trovare *(finden)*	3
truccare *(schminken)*	7
tumefare *(anschwellen lassen)*	28

U

ubbidire *(gehorchen)*	104
ubriacare *(betrunken machen)*	7
uccidere *(töten)*	87
udire *(hören)*	111
uguagliare *(gleichmachen)*	14
umiliare *(demütigen)*	13
ungere *(einfetten)*	72
unificare *(vereinigen)*	7
unire *(verbinden)*	104
urgere (-) p.r., (-) p.p. *(dringend nötig sein)*	15
urlare *(schreien)*	3
usare *(benutzen)*	3
uscire + E *(ausgehen)*	112

V

vagare *(umherziehen)*	11
vagheggiare *(sich herbeisehnen)*	10
vagire *(wimmern)*	104
vagliare *(abwägen)*	14
valere + A/E *(wert sein)*	45
valicare *(passieren)*	7
vaneggiare *(fantasieren)*	10
vangare *(umgraben)*	11
varcare *(überschreiten)*	7
variare + A/E *(abändern/sich ändern)*	13
vedere *(sehen)*	46
vegliare *(wachen)*	14
veleggiare *(segeln)*	10
vendemmiare *(lesen)*	13
vendere *(verkaufen)*	16
vendicare *(rächen)*	7
venire + E *(kommen, kosten)*	113
vergare *(mit der Hand schreiben)*	11
vergognarsi + E *(sich schämen)*	3
verificare *(prüfen)*	7
verniciare *(streichen)*	6
vestire *(anziehen, sich kleiden)*	101
vezzeggiare *(verhätscheln)*	10
viaggiare *(reisen)*	10
vigere (-) p.r., (-) p.p. *(in Kraft sein)*	15
vilipendere *(beschimpfen)*	83
villeggiare *(Urlaub machen)*	10
vincere *(gewinnen)*	99
visitare *(besichtigen, untersuchen)*	3
vivere + A/E *(leben)*	47
vivificare *(erfrischen)*	7
viziare *(verwöhnen)*	13
vociare *(schreien)*	6
vogare *(rudern)*	11
volare + A/E *(fliegen)*	3
volere *(wollen)*	48
volgere *(richten)*	100
volteggiare *(kreisen)*	10
vuotare *(leeren)*	3

X

xerocopiare *(xerokopieren)*	13

Z

zoppicare *(hinken)*	7